_____,

당신의 인생에 쓰일 모든 문장들이
다른 누군가가 아닌
'당신'으로 가득 차길 바랍니다.

내가 주어인 문장의 힘
I am what I write

항상 긍정적으로 생각하세요.

당신의 생각은 말이 되고,
당신의 말은 행동이 되고,
당신의 행동은 습관이 되고,
당신의 습관은 가치관이 되고,
당신의 가치관은 결국 당신의 운명이 됩니다.

– 마하트마 간디 (Mahatma Gandhi)

당신이 필사를 해야 하는 이유

주어가 바뀌면 인생이 바뀐다

여러분 인생의 주어는 여러분이어야 합니다. 이 책은 그 단순하지만 강력한 진리를 일깨워 주는 여정의 시작입니다. 역사적으로 많은 위인들과 유명 인사들이 자신의 경험과 통찰을 명언으로 남겼고, 이 명언들은 오랜 세월 동안 많은 이들에게 영감을 주었습니다. 이 책은 한 걸음 더 나아가, 그 명언들을 '나'를 주어로 한 확언으로 변화시키고자 합니다.

"나는 할 수 있다."
"나는 가치 있는 사람이다."
"나는 매일 성장하고 있다."

이 문장들처럼 자신을 주어로 한 긍정적인 문장, 즉 '확언'은 우리의 사고방식과 행동을 변화시키는 놀라운 힘을 가지고 있습니다. AI가 우리 대신 글을 쓰고 정보를 처리하는 시대에, 직접 펜을 들고 확언을 써 내려가는 행위는 특별한 의미를 갖습니다. 이는 단순한 글쓰기를 넘어, 우리 자신을 삶의 주체로 내세우는 강력한 선언이기 때문입니다. 자신만의 고유한 필체로 쓴 확언은 AI가 생성한 획일적인 텍스트와는 달리, 나만의 경험과 감정을 담아낸 개인적인 의미를 품고 있습니다. 이는 내가 수동적인 정보 소비자가 아니라, 내 삶을 직접 써 내려가는 주체임을 선언하는 중요한 행위인 것이죠.

이 책은, 위대한 명언들을 '나'를 주어로 한 확언으로 재해석합니다. 예를 들어 넬슨 만델라(Nelson Mandela)의 한 명언은 아래와 같이 재해석할 수 있습니다.

> "끝까지 해 보기 전까지는 늘 불가능해 보입니다."
>
> ↓
>
> 나는 끝까지 해 보기 전까지 불가능을 판단하지 않는다.
>
> 나는 도전의 과정에서 가능성을 발견하며,
> 어려워 보이는 일도 노력하면 이룰 수 있음을 안다.
>
> 나는 중간에 포기하지 않고 끝까지 시도하며,
> 내 가능성을 최대한으로 끌어내 모든 한계를 넘어선다.

이렇게 주어를 나로 바꿈으로써, 우리는 위인들의 지혜를 단순히 감상하는 것을 넘어 삶에 직접 적용하게 됩니다. 즉 나의 인생을, 내가 쓰는 대로 바꿀 수 있게 되는 것입니다.

필사는 단순히 글을 베껴 쓰는 것이 아니다

한 연구[1]에 따르면, 손으로 직접 글을 쓰는 것이 노트북으로 타이핑하는 것보다 학습에 더 효과적인 것으로 나타났습니다. 손으로 글을 쓰는 것

---

[1] Mueller, P. A., & Oppenheimer, D. M. (2014). The pen is mightier than the keyboard: Advantages of longhand over laptop note taking. Psychological Science, 25(6), 1159–1168.

은 정보를 단순히 받아적는 것이 아니라, 이를 처리하고 재구성하는 과정을 거치기 때문에 더 깊은 이해를 촉진한다는 것이죠.

긍정심리학의 선구자인 마틴 셀리그만(Martin Seligman) 박사는 그의 저서 《Flourish (플로리시)》에서 행복의 5가지 핵심 요소인 PERMA 이론을 제시한 바 있습니다. 긍정적인 감정(Positive emotions), 몰입(Engagement), 관계(Relationships), 의미(Meaning), 성취(Accomplishment)로 구성된 이 이론은 우리가 각 요소를 그 자체로 추구할 때 더 나은 삶을 살 수 있다고 설명하죠. 이 이론은 필사, 더 구체적으로는 긍정 확언 필사와 아주 긴밀하게 연결됩니다. 긍정 확언 필사는 내면의 힘을 키우고 자신감을 북돋는 말들을 통해 **긍정적인 감정**을 촉진하고, 쓰기라는 행위를 통해 그 내용에 더욱 **몰입**하게 합니다. 또한 자신과 타인을 지금까지와는 다른 시각으로 바라보게 함으로써 **관계**를 개선하는 데 도움을 주고, 삶의 **의미**뿐만 아니라 어제와는 다른 사람이 되었다는 **성취**를 동시에 느끼게 해 주죠. 즉 긍정 확언 필사는 궁극적으로 행복에 도달하게 하는, 삶 자체를 변화시키는 중요한 행위인 것입니다.

명언과 확언을 필사해야 하는 3가지 이유

명언을 필사하는 것은 위대한 사상가들의 지혜와 통찰을 내 것으로 만드는 가장 쉬운 방법입니다. 더 나아가, 이러한 명언으로부터 확장된 확언 필사는 우리의 잠재의식에 더욱 직접적인 영향을 미칩니다. "나는 내 삶의 주인공이다", "나는 매일 더 나아지고 있다"와 같은 긍정적인 문장을 반복해서 쓰다 보면 나의 자신감이 점차 향상되고 명상의 효과가 있을 뿐만 아니라, 장기적으로는 목표 달성과 성공으로까지 이어질 것입니다.

❶ 자기 긍정 메시지를 통한 자신감 향상

❷ 명상적 글쓰기를 통한 정서 안정

❸ 목표 의식 강화를 통한 자기 발전

삶의 주인공이 되는 10분 습관

매일 10분만 나를 위해 투자해 보세요. 이 책에서 안내하는 명언과 확언을 적으며 그 의미를 되새기는 작은 습관은, 나의 잠재의식을 변화시키고 내가 주인인 삶을 살아가는 첫걸음이 될 것입니다. 이제 펜을 들고, 여러분의 인생을 새롭게 써 내려가 보세요. 이 책의 진정한 저자이자 주인공은 바로 여러분입니다.

책 활용법

명언

> 002
>
> 마이클 조던(Michael Jordan)의 말
>
> 또 하루가 주어졌습니다.
> 당신을 의심하는 모든 사람이 틀렸음을 증명할
> 또 한 번의 기회입니다.
>
> Another day, another opportunity
> to prove everyone who doubts you wrong.

- 그날그날 마음에 끌리는 주제나 명언을 선택하세요. 이 책의 순서를 그대로 따라가지 않아도 됩니다.
- 명언을 읽고, 그 의미를 깊이 생각해 보세요. 그리고 오른쪽 빈 공간에 필사하며 나의 내면에 새겨 보세요.
- 함께 제시된 영어 문장을 통해 원문의 의미를 느껴 보세요. 영어 문장을 함께 필사해도 좋습니다.

  (출처가 미상인 명언의 경우, 명언가가 기재되어 있지 않습니다.)

확언

> 나의 말
>
> 나는 하루하루가 나를 증명할 기회임을 안다.
> 나는 나의 능력을 확신하며, 오늘도 스스로를 믿는다.
> 나는 도전 속에서 더욱 강해지며, 의심을 넘어 성공으로 향한다.
> 오늘 주어진 이 기회를 통해, 나는 나의 가치를 증명한다.

- '나의 말'로 전환된 확언을 읽고, 오른쪽 빈 공간에 필사하며 그 의미를 완전한 내 것으로 만들어 보세요.
- 제시된 확언 대신, 나만의 새로운 확언을 만들어도 좋습니다.

필사 예시

마이클 조던(Michael Jordan)의 말

또 하루가 주어졌습니다.
당신을 의심하는 모든 사람이 틀렸음을 증명할
또 한 번의 기회입니다.

Another day, another opportunity
to prove everyone who doubts you wrong.

나의 말

나는 하루하루가 나를 증명할 기회임을 안다.
나는 나의 능력을 확신하며, 오늘도 스스로를 믿는다.
나는 도전 속에서 더욱 강해지며, 의심을 넘어 성공으로 향한다.
오늘 주어진 이 기회를 통해, 나는 나의 가치를 증명한다.

나는 나를 의심하는 사람들에게 영향을 받지 않는다.
나는 나를 믿고 내 길을 계속 걸어갈 것이다!

- 서두르지 말고 모든 문장을 천천히 음미해 보세요. 필사는 단순한 글쓰기 연습이 아니라, 마음을 다스리고 긍정적인 생각을 심는 과정입니다.
- 완성된 페이지를 자주 들여다보며, 그날 필사한 확언을 되새기고 일상에서도 실천해 보세요.
- 쓰다가 실수해도 괜찮습니다. 필사하는 과정 자체를 즐기세요. 이 책은 여러분 내면의 성장 과정을 담은 소중한 기록이 될 것입니다.

차례

당신이 필사를 해야 하는 이유 · 004
책 활용법 · 008

Chapter 1
동기부여

정신이 번쩍 들게 하는 동기부여가 필요할 때

001 나는 내 삶의 주인공이다. · 022
002 나는 하루하루가 나를 증명할 기회임을 안다. · · · · · · · · · · · · · · · 024
003 나는 내가 원하는 미래를 스스로 만들어 간다. · · · · · · · · · · · · · · 026
004 나는 실패처럼 보이는 순간에도 성공에 가까워지고 있음을 믿는다. · · · · · · · 028
005 나는 더 이상 미루지 않고, 오늘 바로 시작한다. · · · · · · · · · · · · · · 030
006 나는 상황이 바뀌기를 바라지 않고, 스스로 성장시키기를 선택한다. · · · · · · · 032
007 나는 두려움에 지배되지 않는다. · 034
008 나는 시간이 부족하다고 핑계 대지 않는다. · · · · · · · · · · · · · · · · · 036
009 나는 비판을 성장의 연료로 사용한다. · 038
010 나는 꾸준함과 성실함의 힘을 믿는다. · 040
011 나는 결과보다 매 순간의 노력과 행동에 집중한다. · · · · · · · · · · · 042
012 나는 넓은 생각을 통해 더 다채로운 삶을 만들어 간다. · · · · · · · · · 044
013 나는 과감하게 끝내야 할 때를 알고, 지난날에 연연하지 않는다. · · · · · · · · · 046
014 나는 다른 사람보다 더 열심히 노력한다. · · · · · · · · · · · · · · · · · · · 048
015 나는 일단 실행에 옮긴다. · 050
016 나는 지금까지의 어려움이 나를 성장시켰음을 안다. · · · · · · · · · · · 052
017 나는 언제든 기회를 잡을 수 있도록 준비된 사람이다. · · · · · · · · · · 054
018 나는 성장하기 위해 기꺼이 익숙한 환경을 벗어난다. · · · · · · · · · · 056
019 나는 나의 실수를 분명히 기억하고 행동한다. · · · · · · · · · · · · · · · · 058

020 나는 매일 나를 두렵게 하는 일에 도전한다. · 060
021 나는 속도에 신경 쓰지 않고 꾸준히 나의 길을 간다. · · · · · · · · · · · · · · · · 062
022 나는 작은 일도 소중히 여기며 최선을 다한다. · 064
023 나는 포기하고 싶을 때 그동안의 노력을 되새긴다. · · · · · · · · · · · · · · · · · 066
024 나는 게으름을 이겨내고 묵묵히 나아간다. · 068
025 나는 시작하는 데 있어 완벽할 필요가 없음을 안다. · · · · · · · · · · · · · · · · 070
026 나는 말이 아닌, 눈에 보이는 결과로 얘기한다. · 072
027 나는 내가 두려움을 회피하고 편안함만을 추구하고 있지 않은지 반문한다. · · · · 074
028 나는 불확실성 속에서도 계속 도전한다. · 076
029 나는 나를 향한 비판을 성장의 기회로 삼는다. · 078
030 나는 시간을 무엇보다 소중하고 현명하게 사용한다. · · · · · · · · · · · · · · · 080
031 나는 내가 결국 성공할 것임을 안다. · 082
032 나는 불가능해 보이는 도전도 즐겁게 받아들인다. · · · · · · · · · · · · · · · · · 084
033 나는 행동하기로 결심하는 것이 가장 큰 도전임을 안다. · · · · · · · · · · · · 086
034 나는 내가 승리할 운명을 가지고 태어났음을 안다. · · · · · · · · · · · · · · · · 088
035 나는 실패를 두려워하지 않고 도전한다. · 090
036 나는 시도하지 않으면 아무것도 얻을 수 없음을 안다. · · · · · · · · · · · · · · 092

Chapter 2
자신감

잃어버린 자신감을 되찾고 싶을 때

037 나는 나를 의심하는 사람들의 목소리에 흔들리지 않는다. · · · · · · · · · · · · · 098
038 나는 할 수 있고, 반드시 해낼 것이다. · 100
039 나는 스스로에 대한 자신감을 절대 잃지 않는다. · · · · · · · · · · · · · · · · · · 102
040 나는 남들과 비교하지 않고 나의 길을 걷는다. · 104
041 나는 넘어져도 다시 일어난다. · 106
042 나는 내가 가진 능력과 지식을 깊이 신뢰한다. · 108

043 나는 나 자신을 높이 평가한다. · 110
044 나는 내가 믿는 만큼 더 멀리 나아갈 수 있음을 안다. · · · · · · · · · · · · · · · · · 112
045 나는 나 자신과 내가 가진 모든 것을 믿는다. · 114
046 나는 당장의 어려움이 내 인생의 일부에 불과함을 안다. · · · · · · · · · · · · · · 116
047 나는 내가 할 수 있다는 것을 안다. · 118
048 나는 나 자신을 숨기지 않고 당당하게 드러낸다. · · · · · · · · · · · · · · · · · · 120
049 나는 나만의 속도로 성장한다. · 122
050 나는 두려움이라는 감정에 굴복하지 않는다. · 124
051 나는 과거를 바꿀 수 없지만, 미래를 바꿀 수는 있다. · · · · · · · · · · · · · · · · 126
052 나는 나만의 길을 개척한다. · 128
053 나는 어려움을 마주할 때마다 내 안의 강인함을 깨닫는다. · · · · · · · · · · · · · 130
054 나는 내가 가치 있는 존재임을 안다. · 132
055 나는 실수를 배움의 기회로 삼는다. · 134
056 나는 이미 지나간 일에 얽매이지 않는다. · 136
057 나는 일단 시작하면 괜찮아진다는 것을 안다. · 138
058 나는 내가 무엇이든 해낼 수 있는 사람임을 안다. · · · · · · · · · · · · · · · · · · 140
059 나는 내가 생각하는 것보다 훨씬 더 강하다. · 142
060 나는 누구보다도 나 자신에게 가장 많은 인내와 이해를 베푼다. · · · · · · · · · · 144
061 나는 내가 꿈꾸는 모든 것을 이룰 수 있다. · 146
062 나는 내가 할 수 있는 일에 집중한다. · 148
063 나는 나의 길에서 마주할 장애물을 두려워하지 않는다. · · · · · · · · · · · · · · · 150
064 나는 발전이 꾸준한 노력에서만 나온다는 것을 안다. · · · · · · · · · · · · · · · · 152
065 나는 끝까지 해 보기 전까지 불가능을 판단하지 않는다. · · · · · · · · · · · · · · · 154
066 나는 큰 꿈을 꾸는 것을 두려워하지 않는다. · 156
067 나는 하지 않은 선택도, 내가 이룬 일만큼 자랑스럽게 여긴다. · · · · · · · · · · · 158
068 나는 나 자신과 나의 능력을 믿는다. · 160
069 나는 실패한 것이 아니라, 배움을 얻은 것이다. · · · · · · · · · · · · · · · · · · · 162
070 나는 내가 가진 재능을 아낌없이 사용한다. · 164
071 나는 불가능하다는 의견에 흔들리지 않는다. · 166

072 나는 자신감을 이미 가진 것처럼 행동한다. · 168
073 나는 부정적인 생각이 들 때 더 열심히 도전한다. · · · · · · · · · · · · · · · · · · · 170
074 나의 가능성은 타인에 의해 제한되지 않는다. · 172
075 나는 긍정, 자신감, 끈기를 내 삶의 중심에 둔다. · · · · · · · · · · · · · · · · · · 174

Chapter 3
자존감&위로
스스로를 응원하고 위로하고 싶을 때

076 나는 나 자신을 먼저 사랑한다. · 180
077 나는 상처 주는 사람들로부터 배움을 얻는다. · 182
078 나는 스스로를 다그치지 않는다. · 184
079 나는 내가 축복받은 존재임을 기억한다. · 186
080 나는 가장 어두운 순간에도 희망을 잃지 않는다. · · · · · · · · · · · · · · · · · · · 188
081 나는 과거를 놓아줄 용기가 있다. · 190
082 나는 내가 가는 길이 나만의 것임을 안다. · 192
083 나는 내 본연의 모습이 충분히 가치 있는 존재임을 안다. · · · · · · · · · · · · · 194
084 나는 나 자신을 챙기는 것을 최우선으로 한다. · 196
085 나는 다른 사람을 위해 나의 가치를 잃지 않는다. · · · · · · · · · · · · · · · · · · 198
086 나는 나 자신을 사랑함으로써 두려움을 극복한다. · · · · · · · · · · · · · · · · · · 200
087 나는 과거가 나를 지배하도록 허락하지 않는다. · · · · · · · · · · · · · · · · · · · 202
088 나는 어려운 시기에도 희망을 잃지 않는다. · 204
089 나는 나의 가치를 모르는 사람들에게 에너지를 낭비하지 않는다. · · · · · · · · 206
090 나는 내가 사랑하는 일을 할 때 결과가 따른다는 것을 안다. · · · · · · · · · · · 208
091 나는 시간이 지나면 오늘의 스트레스를 웃으며 회상할 것임을 안다. · · · · · · 210
092 나는 나 자신을 먼저 사랑하는 법을 배운다. · 212
093 나는 내 삶을 주도적으로 이끈다. · 214
094 나는 어려운 순간을 통해 더 강해진다. · 216

095 나는 모든 일을 한 번에 해결하려고 하지 않는다. · 218
096 나는 무조건 버티는 것이 강함이 아님을 안다. · 220
097 나는 타인의 시선에 흔들리지 않고 나만의 기준을 따른다. · · · · · · · · · · · 222
098 나는 나에게 해로운 사람들에게 내 마음을 허락하지 않는다. · · · · · · · · · 224
099 나는 우울한 감정도 자연스럽게 받아들인다. · 226
100 나는 나의 불완전함 속에서 나만의 강점을 발견한다. · · · · · · · · · · · · · · 228
101 나는 필요할 때 용기 있게 도움을 요청한다. · 230
102 나는 내 소중한 시간을 나를 위해 사용한다. · 232
103 나는 나의 정당한 권리를 쉽게 포기하지 않는다. · · · · · · · · · · · · · · · · · 234
104 나는 멈추지 않고 끊임없이 나아간다. · 236
105 나는 나를 위해 결단을 내린다. · 238
106 나는 때로 괜찮지 않아도 된다는 것을 받아들인다. · · · · · · · · · · · · · · · · 240

Chapter 4
인간관계
혼자 살아가는 세상이 아님을 깨달았을 때

107 나는 주변에 긍정적인 영향을 주는 리더가 된다. · · · · · · · · · · · · · · · · · 246
108 나는 함께하는 힘을 믿는다. · 248
109 나는 사람들과 함께 성장한다. · 250
110 나는 작은 친절이 큰 변화를 일으킬 수 있음을 안다. · · · · · · · · · · · · · · 252
111 나는 한 번의 실수가 나의 평판을 무너뜨릴 수 있음을 경계한다. · · · · · · 254
112 나는 오고 가는 인연에 연연하지 않는다. · 256
113 나는 사랑하는 사람들을 있는 그대로 존중한다. · · · · · · · · · · · · · · · · · 258
114 나는 나의 진심을 말보다 행동으로 표현한다. · · · · · · · · · · · · · · · · · · · 260
115 나는 타인의 입장도 이해하려고 노력한다. · 262
116 나는 겸손한 태도가 가장 자연스러운 자신감의 표현임을 안다. · · · · · · · 264
117 나는 서로 돕는 것이 우리가 살아가는 이유임을 안다. · · · · · · · · · · · · · 266

118	나는 타인의 삶에 의미 있는 변화를 가져온다.	268
119	나는 진정한 친구들을 소중히 여긴다.	270
120	나는 타인을 그들의 입장에서 이해하려고 노력한다.	272
121	나는 공감을 통해 세상과 더 깊이 소통한다.	274
122	나는 사랑이 서로를 이해하고 함께 성장하는 여정임을 안다.	276
123	나는 꾸준한 노력으로 나의 성격을 더욱 성숙하고 강인하게 만든다.	278
124	나는 나의 인연들과 긍정적인 에너지를 주고받는다.	280
125	나는 겉으로 드러나는 것이 전부가 아님을 안다.	282
126	나는 다른 사람을 행복하게 하며 기쁨을 얻는다.	284
127	나는 성공이란 혼자가 아니라, 함께 이뤄 가는 것임을 깨닫는다.	286
128	나는 다른 사람과의 관계 속에서 나 자신을 더욱 깊이 이해한다.	288
129	나는 소중한 것들이 영원하지 않음을 안다.	290
130	나는 우정이 내 영혼을 따뜻하게 해 준다고 믿는다.	292
131	나는 타인에게 완벽함을 기대하지 않고, 그들의 본모습을 존중한다.	294
132	나는 모든 관계에서 교훈을 얻는다.	296
133	나는 사람들이 나로 인해 느낄 감정을 중요하게 생각한다.	298
134	나는 모든 사람의 고유한 가치를 존중한다.	300
135	나는 신뢰가 관계를 시작하는 가장 중요한 출발점임을 안다.	302
136	나는 말하는 것보다 더 많이 들으려 노력한다.	304
137	나는 협력이 성공의 가장 큰 열쇠임을 믿는다.	306
138	나는 결핍이 사랑을 더 강하게 만들 수 있음을 깨닫는다.	308
139	나는 나를 있는 그대로 사랑해 주는 사람들을 소중히 여긴다.	310
140	나는 누군가에게 사랑을 줄 때 더 큰 기쁨을 느낀다.	312
141	나는 다른 사람들과 의견이 다를 때에도 그들의 생각을 존중한다.	314
142	나는 친절이 누구에게나 닿을 수 있는 가장 강력한 언어임을 안다.	316
143	나는 용서를 통해 나 자신에게 자유와 평화를 준다.	318
144	나는 세상을 바꾸기 위해 나부터 변화시킨다.	320

Chapter 5
지혜
긍정적인 삶을 위한 지혜가 필요할 때

145 나는 긍정적인 마음가짐이 성공의 열쇠임을 안다. · 326
146 나는 불필요하게 걱정하지 않는다. · 328
147 나는 행복할 것을 선택한다. · 330
148 나는 내가 할 수 있는 일에 전념한다. · 332
149 나는 어려움 속에서도 나를 잃지 않고 중심을 잡는다. · · · · · · · · · · · · · · 334
150 나는 나 자신을 잘 알기 위해 노력한다. · 336
151 나는 지금 이 순간이 가장 소중하다는 것을 안다. · · · · · · · · · · · · · · · · · 338
152 나는 삶의 불완전함 속에서도 가치를 발견한다. · · · · · · · · · · · · · · · · · · 340
153 나는 내가 좋아하는 일을 선택한다. · 342
154 나는 과거의 실수를 후회하지 않고, 그것으로부터 통찰을 얻는다. · · · · · · · · 344
155 나는 건강한 마음이 건강한 몸을 만든다는 것을 안다. · · · · · · · · · · · · · · 346
156 나는 나의 삶이 내가 원하는 대로 흘러갈 것임을 안다. · · · · · · · · · · · · · 348
157 나는 내가 모르는 것에 대해 경각심을 가진다. · · · · · · · · · · · · · · · · · · 350
158 나는 모든 경험이 교훈이 되는 것은 아님을 받아들인다. · · · · · · · · · · · · · 352
159 나는 오늘도 웃음으로 하루를 채운다. · 354
160 나는 나만의 독특함과 열정을 자신 있게 드러낸다. · · · · · · · · · · · · · · · · 356
161 나는 긍정적인 태도로 더 많은 기회를 만들어 낸다. · · · · · · · · · · · · · · · · 358
162 나는 작은 일에도 감사하는 마음을 가진다. · 360
163 나는 세상이 아름답다는 것을 안다. · 362
164 나는 기회가 왔을 때 주저하지 않고 행동한다. · · · · · · · · · · · · · · · · · · · 364
165 나는 경험을 통해 진정한 지혜를 쌓아 간다. · 366
166 나는 밝고 긍정적인 마음으로 세상을 바라본다. · · · · · · · · · · · · · · · · · · 368
167 나는 때로 계획을 내려놓고, 스스로를 흐름에 맡긴다. · · · · · · · · · · · · · · 370
168 나는 실수를 두려워하지 않는다. · 372
169 나는 나의 건강과 행복을 최우선으로 여긴다. · · · · · · · · · · · · · · · · · · · 374

170　나는 고통 속에서 배운 것을 나의 가장 큰 강점으로 삼는다. · · · · · · · · · · · · · · 376
171　나는 더 좋은 질문을 통해 새로운 길을 발견한다. · 378
172　나는 모든 변화에는 불편함이 따른다는 것을 안다. · 380
173　나는 과거에 얽매여 시간을 낭비하지 않는다. · 382
174　나는 내 안에 있는 어린아이의 감정을 존중하며 어른이 된다. · · · · · · · · · · · 384
175　나는 매 순간 최선을 다하는 나의 노력이 헛되지 않음을 안다. · · · · · · · · · · · 386
176　나는 오늘이 남은 삶의 첫날임을 명심한다. · 388
177　나는 아픔이 단순한 고통이 아니라 중요한 메시지임을 깨닫는다. · · · · · · · · · 390
178　나는 과거와 미래에 에너지를 낭비하지 않는다. · 392
179　나는 인생의 밝은 날과 어두운 날을 모두 소중하게 여긴다. · · · · · · · · · · · · · 394
180　나는 어제의 배움을 통해 오늘에 충실하며, 원하는 내일을 만들어 간다. · · · · 396

Chapter 1
동기부여

정신이 번쩍 들게 하는
동기부여가 필요할 때

> 30조각 난 얼굴 뼈와 3번의 심정지를 이겨내고 대학 내 최고의
> 야구 선수가 된, 자기 계발 전문가 제임스 클리어의 '불굴의 습관'

《Atomic Habits (아주 작은 습관의 힘)》의 저자 제임스 클리어(James Clear)는 고등학생 시절, 야구 경기 도중 불의의 사고를 당해 큰 부상을 입었습니다. 야구 방망이에 맞아 얼굴 뼈가 산산조각 나고, 뇌에도 치명적인 손상을 입은 것이죠. 클리어는 이 사고로 인해, 한동안은 걷는 것조차 어려웠습니다. 여러 달이 지나면서 일상생활을 조금씩 회복했지만, 다시 야구를 할 수 있을지는 불투명한 상황이었죠.

하지만 클리어는 포기하지 않았습니다. 사고 이후 1년이 지나 고등학교 야구팀으로 돌아왔을 때 자신보다 낮은 학년의 팀에 배정받는 굴욕을 겪었지만, 오히려 이를 계기로 작은 목표들을 하나씩 실천해 나가기 시작한 것이죠. 그는 하루아침에 기적 같은 변화가 일어나길 바라기보다, 당장 할 수 있는 일에 집중하며 작은 습관을 쌓아 갔습니다. 일찍 잠자리에 드는 습관을 들였고, 기숙사 방을 항상 깨끗하게 유지했으며, 주기적으로 근력 운동을 했습니다. 이 작은 습관들은 처음에는 그다지 큰 변화를 불러오지 않았지만, 시간이 지나면서 서서히 효과를 드러내기 시작했습니다. 그렇게 꾸준히 쌓인 노력은 사고 후 6년이 지났을 때 클리어를 대학 최고의 야구 선수로 만들어 주었습니다. 대학교 2학년 때는 선발 선수로 발탁되고, 3학년 때는 팀 주장으로 임명되었으며, 4학년 때는 학교에서 가장 뛰어난 남자 운동선수로 선정된 것이죠. 클리어는 그가 다시는 야구를 할 수 없을 것이라는 의사들의 예상을 완전히 뒤집었습니다. 그는 불가능해 보이는 상황에서도 작은 습관들을 통해, 꾸준함이 얼마나 큰 변화를 불러올 수 있

는지를 몸소 증명해 낸 것입니다.

하루 근력 운동을 한다고 당장 몸에 큰 변화가 생기지 않고, 오늘 8시간 깊은 잠을 잔다고 내일의 컨디션에 드라마틱한 변화가 일어나지는 않습니다. 하지만 이런 좋은 습관들이 5년, 10년 동안 쌓이면 이야기는 완전히 달라집니다. 여러분은 어떤 목표를 갖고 있나요? 그 목표를 이루기 위해 어떤 습관을 쌓아 가고 있나요?

운동을 예로 들어 보겠습니다. 헬스장은 새해 초마다 많은 사람들로 붐비지만, 시간이 지날수록 꾸준히 운동하는 사람은 드물어집니다. 이런 일이 매년 반복되는 이유는 건강해지고 싶거나 살을 빼겠다는 본래의 목표가 사라져서가 아니라, 꾸준한 습관을 형성하지 못했기 때문입니다. 운동을 포기할 핑계는 무수히 많습니다. 귀찮아서, 피곤해서, 혹은 시간이 없어서. 하지만 이런 이유들에 계속 굴복한다면 몇 년이 지나도 목표를 달성할 수 없을 것입니다. 반대로 귀찮아도 헬스장에 가고, 피곤해도 시간을 내어 운동하는 습관을 들인다면 어느새 운동은 여러분의 일상이 되어있을 것입니다.

아무리 크고 훌륭한 목표를 세워도 꾸준한 실천이 따르지 않는다면 그것을 실현할 수 없습니다. 이 챕터에서 다루는 명언과 확언은 여러분 내면의 동기를 다시금 일깨우고 매일의 작은 실천을 통해 목표를 향해 나아가도록 도와줄 것입니다. 클리어의 조언처럼, 매일 1%씩 성장한다는 마음으로 나만의 좋은 습관을 만들어 보세요. 곧 그 습관들이 불러올 놀라운 변화를 경험하게 될 것입니다.

001

캐럴 버넷(Carol Burnett)의 말

내 인생을 바꿀 수 있는 사람은
나밖에 없습니다.
그것을 대신해 줄 수 있는 사람은
아무도 없습니다.

Only I can change my life.
No one can do it for me.

나의 말

나는 내 삶의 주인공이다.
어떤 선택도 내가 직접 내리고, 그 결과를 책임진다.
그 누구도 나를 대신할 수 없으며,
나의 길을 걸을 수 있는 것은 나뿐이다.
나는 어떤 상황에서도 스스로를 믿고,
원하는 변화를 만들어 간다.

002

마이클 조던 (Michael Jordan)의 말

또 하루가 주어졌습니다.
당신을 의심하는 모든 사람이 틀렸음을 증명할
또 한 번의 기회입니다.

Another day, another opportunity
to prove everyone who doubts you wrong.

나의 말

나는 하루하루가 나를 증명할 기회임을 안다.
나는 나의 능력을 확신하며, 오늘도 스스로를 믿는다.
나는 도전 속에서 더욱 강해지며, 의심을 넘어 성공으로 향한다.
오늘 주어진 이 기회를 통해, 나는 나의 가치를 증명한다.

003

앨런 케이 (Alan Kay)의 말

미래를 예측하는 가장 좋은 방법은
미래를 창조하는 것입니다.

The best way to predict the future is to invent it.

나의 말

나는 내가 원하는 미래를 스스로 만들어 간다.
내가 내딛는 모든 발걸음은 더 나은 미래를 위한 기초가 되며,
오늘의 내 선택과 행동이 내일을 결정한다.
나는 주도적으로 나의 길을 개척하며,
결국 내가 원하는 미래를 창조해 낸다.

004

토머스 에디슨(Thomas Edison)의 말

실패한 사람 중 상당수는, 자신이 성공에 얼마나 가까워졌는지 깨닫지 못하고 포기한 사람들입니다.

Many of life's failures are people who did not realize how close they were to success when they gave up.

나의 말

나는 실패처럼 보이는 순간에도 성공에 가까워지고 있음을 믿는다.
많은 이들이 포기한 지점에서 나는 끝까지 버틴다.
성공은 포기하지 않는 자에게 찾아온다는 것을 안다.
나는 끝까지 나아가며, 성공에 한 걸음씩 다가선다.

005

파울로 코엘료(Paulo Coelho)의 말

언젠가 할 것인가,
아니면 오늘 시작할 것인가?
선택은 당신의 몫입니다.

One day or day one. You decide.

나의 말

나는 더 이상 미루지 않고, 오늘 바로 시작한다.
나는 언젠가가 아닌 지금 이 순간을,
핑계와 변명이 아닌 행동과 결단을 선택한다.
지금 내가 내린 이 결정은 내일을 바꿀 것이다.

006

짐 런(Jim Rohn)의 말

더 쉬워지기를 바라지 말고,
당신이 더 나아지기를 바라세요.

Don't wish it was easier, wish you were better.

나의 말

나는 상황이 바뀌기를 바라지 않고, 스스로 성장시키기를 선택한다.
나는 더 나은 내가 되기 위해 끊임없이 노력하며,
어려움 속에서 더 강해지고 능숙해진다.
나의 성장은 문제를 해결하는 열쇠가 될 것이다.

007

우리는 두려움 때문에,
우리가 할 수 있는 것의
4분의 1도 하지 못합니다.

Fear keeps us from doing even a quarter of
what we're capable of.

나의 말

나는 두려움에 지배되지 않는다.
두려움은 나의 가능성을 제한할 수 없다.
나는 내가 해낼 수 있다는 사실을 굳게 믿고,
과감하게 도전하며 더 큰 성취를 이룬다.

008

노자(老子)의 말

시간은 만드는 것으로,
시간이 없다고 말하는 것은
'하기 싫다'는 말과 같습니다.

Time is a created thing.
To say "I don't have time" is like saying, "I don't want to."

나의 말

나는 시간이 부족하다고 핑계 대지 않는다.
시간은 주어지는 것이 아니라 만드는 것이고,
무언가를 할지 말지 결정하는 것은 나의 의지이다.
나는 우선순위에 따라 주도적으로 시간을 활용하며,
가치 있는 결과를 만들어 낸다.

009

오린 우드워드(Orrin Woodward)의 말

비판을 연료로 사용하는 방법을 배우면, 에너지가 부족할 일이 없습니다.

Learn to use the criticism as fuel
and you will never run out of energy.

나의 말

나는 비판을 성장의 연료로 사용한다.
비판은 나를 멈추게 하는 것이 아니라, 더 강하고 단단해지게 한다.
오늘도 나는 비판을 동력 삼아 난관을 돌파하며,
나의 이상을 현실로 만들어 간다.

010

꾸준함은 천재성을 이깁니다.

Consistency beats genius.

나의 말

나는 꾸준함과 성실함의 힘을 믿는다.
지치지 않고 쌓아 올린 나의 노력은,
나를 성공의 정상에 오르게 할 것이다.
매일 이어지는 나의 성취들은,
결국 나만의 특별한 결과를 만들어 낼 것이다.

011

잭 딕슨(Jack Dixon)의 말

결과에 집중하면 절대 변할 수 없습니다.
변화에 집중해야 결과를 얻을 수 있습니다.

If you focus on results, you will never change.
If you focus on change, you will get results.

나의 말

나는 결과보다 매 순간의 노력과 행동에 집중한다.
나의 목표는 작은 변화를 꾸준히 쌓아 나가는 것이다.
변화 속에서 나는 더 나아지고 성장하며,
이 모든 과정은 내가 원하는 결과로 이어질 것이다.

012

웨인 다이어 (Wayne Dyer)의 말

삶은 생각하는 대로 결정됩니다.
삶을 바꾸고 싶다면,
사고를 확장해야 합니다.

What we think determines what happens to us,
so if we want to change our lives,
we need to stretch our minds.

나의 말

나는 넓은 생각을 통해 더 다채로운 삶을 만들어 간다.

생각이 좁으면 삶도 좁아지지만,

사고를 확장하면 더 넓은 세상을 이해할 수 있다.

나는 더 나은 삶을 살기 위해 새로운 관점과 생각을 받아들인다.

013

카렌 살만손(Karen Salmansohn)의 말

때로는 불가능한 것을 바라며
스스로를 가두는 것보다,
무언가를 끝내고
새로운 것을 시도하는 것이 더 낫습니다.

Sometimes it's better to end something
and try to start something new
than imprison yourself in hoping for the impossible.

나의 말

나는 과감하게 끝내야 할 때를 알고, 지난날에 연연하지 않는다.
때로는 놓아주는 것이 나를 더 나아지게 하므로,
나는 과거의 무게에서 벗어나 현재에 집중한다.
나는 끝을 두려워하지 않고, 새롭게 마주할 길을 기쁘게 맞이한다.

014

로니 콜먼(Ronnie Coleman)의 말

성공에 이르는 비결이나 마술 같은 것은 없습니다.
아주 간단합니다.
남들보다 더 열심히 일하세요.
그리고 그걸 할 수 있는 유일한 방법은
행동으로 옮기는 것뿐입니다.

There are no secrets or magic tricks to being
successful in life. It's plain and simple.
Work harder than everyone else
and the only way to do that is to do it.

나의 말

나는 다른 사람보다 더 열심히 노력한다.
대단한 비결은 없다.
그저 열심히 하는 것, 그것이 성공에 이르는 방법이다.
나는 성공하기 위해, 계획만 세우지 않고
그것을 실천으로 옮긴다.

015

마크 트웨인(Mark Twain)의 말

완벽하게 하기 위해 미루는 것보다 지속적으로 고쳐나가는 것이 낫습니다.

Continuous improvement is better than delayed perfection.

나의 말

나는 일단 실행에 옮긴다.
실행에 옮기는 과정에서 발생하는 시행착오는,
나를 더 나아지게 할 기회다.
지속적으로 고치고 개선하는 것이 진정한 성장을 이끈다.
나는 꾸준한 개선을 통해 목표에 한 걸음씩 다가간다.

016

키아누 리브스(Keanu Reeves)의 말

삶의 모든 투쟁이 오늘의 당신을 만들었습니다.
힘든 시간에 감사해야
자신을 더 강하게 만들 수 있습니다.

Every struggle in your life has shaped you
into the person you are today.
Be thankful for the hard times,
they can only make you stronger.

나의 말

나는 지금까지의 어려움이 나를 성장시켰음을 안다.
나는 힘든 순간에도,
그것이 나를 더 강하고 단단하게 만들고 있음을 믿는다.
나는 과거의 투쟁에 감사하며,
더 나은 나를 위해 앞으로의 도전도 기꺼이 받아들인다.

017

루키우스 세네카(Lucius Seneca)의 말

운이란, 준비된 사람이 기회를 만났을 때 생기는 것입니다.

Luck is what happens when preparation meets opportunity.

나의 말

나는 언제든 기회를 잡을 수 있도록 준비된 사람이다.
준비된 노력과 마음가짐이 기회를 가져다줄 것이고,
기회가 찾아오면 나는 주저하지 않고 그 운을 쟁취한다.
나는 항상 스스로를 준비시켜, 스스로 운을 만들어 간다.

018

채드 E. 포스터 (Chad E. Foster)**의 말**

성장한다는 것은,
안전지대 밖으로 나아가는 것을 의미합니다.

If you're not getting outside of your comfort zone,
then you're not growing.

나의 말

나는 성장하기 위해 기꺼이 익숙한 환경을 벗어난다.
불안과 두려움은 내가 더 나아지고 있다는 증거이고,
나는 새로운 도전이 나를 더 큰 사람으로 만든다는 것을 안다.
나는 편안함에 안주하지 않고, 새로운 길을 개척한다.

019

실수는 용납될 수 있지만,
같은 실수를 반복하는 것은
용납될 수 없습니다.

Mistakes are forgivable,
but repeating the same mistake is not.

나의 말

나는 나의 실수를 분명히 기억하고 행동한다.
실수로 인한 배움은 나를 성장시키지만,
반복된 실수는 나를 멈추게 한다.
나는 과거의 실수를 깊이 성찰하며,
그 교훈을 활용하여 더 현명한 선택을 한다.

020

엘리너 루스벨트(Eleanor Roosevelt)의 말

당신을 두렵게 하는 일을
매일 한 가지씩 하세요.

Do one thing every day that scares you.

나의 말

나는 매일 나를 두렵게 하는 일에 도전한다.
나는 두려움 너머에 새로운 기회가 있음을 알고 있으며,
두려움을 마주할 때마다 나는 더 단단해진다.
매일의 작은 용기들은 나를 더 큰 가능성으로 이끌 것이다.

021

공자(孔子)의 말

얼마나 천천히 가느냐는 중요하지 않습니다. 멈추지 않는 것이 중요합니다.

It does not matter how slowly you go
as long as you do not stop.

나의 말

나는 속도에 신경 쓰지 않고 꾸준히 나의 길을 간다.

천천히 가더라도 멈추지만 않는다면, 나는 목표에 도달할 것이다.

조금씩이라도 계속 나아가는 것이 성공의 열쇠이므로,

나는 그 꾸준함의 힘을 믿으며 끊임없이 전진한다.

022

작은 일에서 성공하는 사람만이
큰 일에서 성공합니다.

Only those who succeed in small things
can succeed in big things.

나의 말

나는 작은 일도 소중히 여기며 최선을 다한다.
작은 일에서의 성실함은 큰 성공의 밑바탕이 된다.
작은 일도 무시하지 않고 꾸준히 노력하다 보면,
나는 결국 목표에 도달할 것이다.

023

헤일리 윌리엄스(Hayley Williams)의 말

혹시라도 포기하고 싶은 생각이 든다면, 왜 그렇게 오랫동안 버티고 있었는지 기억하세요.

If you ever think about giving up,
remember why you held on for so long.

나의 말

나는 포기하고 싶을 때 그동안의 노력을 되새긴다.
나는 지금까지의 과정이 나를 더 강하게 만들어 왔다는 것과,
그동안 쌓아온 것들이 나의 든든한 기둥이 되어 주고 있음을 안다.
나는 내가 쌓아온 시간과 의지를 믿고, 끈기 있게 다시 도전한다.

024

윌리엄 A. 워드 (William A. Ward)의 말

성공의 비결:
남들이 자는 동안 공부하세요.
남들이 게으름을 피우는 동안 일하세요.
남들이 노는 동안 준비하세요.
남들이 바라기만 하는 동안 꿈을 이루세요.

Recipe for success:
Study while others are sleeping;
work while others are loafing;
prepare while others are playing;
and dream while others are wishing.

나의 말

나는 게으름을 이겨내고 묵묵히 나아간다.
나는 게으름 대신 성실함을 선택하며, 매 순간을 의미 있게 보낸다.
나의 준비는 기회를 만들고, 그 기회는 결국 성취로 이어질 것이다.
나는 오늘도 조용히 내 꿈을 향해 움직인다.

025

레스 브라운(Les Brown)의 말

출발하기 위해 위대해질 필요는 없지만, 위대해지려면 출발부터 해야 합니다.

You don't have to be great to get started,
but you have to get started to be great.

나의 말

나는 시작하는 데 있어 완벽할 필요가 없음을 안다.
위대한 성취는 출발 그 자체에서 시작되며,
이 첫걸음은 나를 더 크고 위대한 목표로 이끌어 줄 것이다.
나는 시작의 두려움을 넘어, 행동으로써 나의 미래를 그려 나간다.

026

사람들에게 꿈을 말하지 마세요.
행동으로 보여 주세요.

Don't tell people your dreams.
Show them.

나의 말

나는 말이 아닌, 눈에 보이는 결과로 얘기한다.
나는 말로만 설명하기보다는,
실천을 통해 내 의지를 증명한다.
나는 작은 행동들이 모여 꿈을 현실로 만드는 과정을 즐기며,
결국 나의 행동은 가장 강력한 메시지가 된다.

027

데일 카네기(Dale Carnegie)의 말

하기 두려운 일을 하고, 그 일을 계속하세요.

Do the thing you fear to do and keep on doing it.

나의 말

**나는 내가 두려움을 회피하고
편안함만을 추구하고 있지 않은지 반문한다.**
나는 당장의 편안함보다 목표를 더 중요하게 여기며,
하기 싫은 순간에도 내가 얻고자 하는 것을 되새긴다.
나는 내가 원하는 것을 위해, 필요한 일을 반드시 해낸다.

028

성공하는 사람들은 자신이 실패할 수 있다는
가능성을 항상 인정하지만,
그럼에도 불구하고 계속해서 도전합니다.

Successful people always acknowledge
the possibility of failure,
but they keep challenging themselves nonetheless.

나의 말

나는 불확실성 속에서도 계속 도전한다.
나는 실패에 굴하지 않고 계속 앞으로 나아갈 용기를 가지고 있다.
실패는 나를 좌절시킬 수 없고,
멈추지 않는 도전 속에서 나는 결국 목표에 도달할 것이다.

029

데이비드 브링클리 (David Brinkley)의 말

성공한 사람이란,
다른 사람이 자신을 향해 던진 벽돌로
튼튼한 기반을 다질 수 있는 사람입니다.

A successful man is one who can lay a firm foundation with the bricks others have thrown at him.

나의 말

나는 나를 향한 비판을 성장의 기회로 삼는다.
어떤 어려움도 나를 무너뜨릴 수 없고, 나의 기반이 될 뿐이다.
나는 나에게 주어진 모든 상황을 성공의 기회로 생각하고,
부정적인 말에 휩쓸리지 않을 것이다.

030

피터 드러커 (Peter Drucker)의 말

시간은 가장 희소한 자원이므로, 이를 관리하지 않으면 다른 어떤 것도 관리할 수 없습니다.

Time is the scarcest resource and unless it is managed, nothing else can be managed.

나의 말

나는 시간을 무엇보다 소중하고 현명하게 사용한다.
나는 시간을 효과적으로 관리하는 것이 모든 관리의 시작임을 안다.
효율적인 시간 관리는 목표 달성을 위한 가장 중요한 도구이다.
나는 나의 우선순위에 따라, 매 순간을 의미 있게 활용한다.

031

성공은 마지막 순간에 옵니다.

Success comes at the very last moment.

<u>나의 말</u>

나는 내가 결국 성공할 것임을 안다.
성공은 마지막 순간까지 인내하고 노력할 때 찾아온다.
나는 과정의 가치를 알고, 끝에서 올 결실을 기다린다.
나의 이 마지막 한 걸음이 성공을 이뤄 줄 것이다.

032

월트 디즈니 (Walt Disney)의 말

불가능한 일을 해낸다는 것은
좀 재미있는 일입니다.

It's kind of fun to do the impossible.

나의 말

나는 불가능해 보이는 도전도 즐겁게 받아들인다.
나는 어려움 속에서도 새로운 가능성을 발견하고,
불가능한 것을 해내는 과정에서 더 큰 성취감을 느낀다.
오늘도 나는 즐거운 마음으로 새로운 도전에 임한다.

033

아멜리아 에어하트(Amelia Earhart)의 말

가장 어려운 것은
행동하기로 결정하는 것이고,
나머지는 끈기일 뿐입니다.

The most difficult thing is the decision to act;
the rest is merely tenacity.

나의 말

나는 행동하기로 결심하는 것이 가장 큰 도전임을 안다.
행동하기로 결심한 후에는 꾸준히 나아가는 끈기를 발휘한다.
나의 결단은 모든 변화의 시작점이고,
나는 인내를 통해 목표를 쟁취한다.

034

지그 지글러 (Zig Ziglar)의 말

당신은 승리하기 위해 태어났습니다.
그러나 승자가 되기 위해서는
승리를 계획하고, 준비하며, 고대해야 합니다.

You were born to win, but to be a winner,
you must plan to win, prepare to win, and expect to win.

나의 말

나는 내가 승리할 운명을 가지고 태어났음을 안다.
승자가 되기 위해 나는 철저하게 계획하고 준비한다.
나는 승리를 고대하며,
이를 이루기 위한 모든 행동을 반드시 실천에 옮긴다.
나의 계획과 준비는 나를 승리로 이끄는 밑거름이 될 것이다.

035

로버트 F. 케네디 (Robert F. Kennedy)의 말

크게 실패할 용기가 있는 사람만이
위대한 성취를 이룰 수 있습니다.

Only those who dare to fail greatly can ever achieve greatly.

나의 말

나는 실패를 두려워하지 않고 도전한다.
실패는 더 큰 도약을 위한 발판이며,
위대한 성취는 위험을 감수할 때 얻어진다.
나는 실패를 두려워하지 않고, 더 높은 목표를 향해 나아간다.

036

웨인 그레츠키 (Wayne Gretzky)의 말

시도하지 않으면 100% 실패합니다.

You miss 100% of the shots you don't take.

나의 말

나는 시도하지 않으면 아무것도 얻을 수 없음을 안다.

두려워해야 하는 것은 실패가 아니라 시도하지 않는 것 그 자체이다.

행동할 때만 100%의 가능성이 열리며,

그 속에 무궁무진한 기회가 있다.

나는 끝없이 도전하며, 기회를 내 손으로 쟁취한다.

Chapter 2
자신감

**잃어버린 자신감을
되찾고 싶을 때**

> 아무도 그를 주목하지 않던 시절, 긍정 확언과 천만 달러짜리 수표로 자신감을 되찾은 세계적인 배우 짐 캐리

캐나다 출신 배우이자 코미디언인 짐 캐리(Jim Carrey)는 15살에 스탠드업 코미디 무대에 오르며 코미디언으로서의 첫발을 내디뎠습니다. 이후 토론토에서 실력을 쌓고 19살에 할리우드로 진출했지만, 오랜 무명 생활을 지내게 되었죠. 그럼에도 불구하고 포기하지 않은 그는 데뷔한 지 약 15년 만에 〈덤 앤 더머〉, 〈라이어 라이어〉, 〈브루스 올마이티〉로 세계적인 인기를 얻었고, 〈트루먼 쇼〉와 〈맨 온 더 문〉으로 골든 글로브상을 수상하며 연기력을 인정받았습니다. 아무도 주목하지 않았던 그가 할리우드 정상에 오를 수 있었던 비결은 무엇이었을까요? 바로 긍정 확언과 시각화를 통해 자신감을 되찾은 것이었습니다.

> "저는 항상 마법 같은 일이 일어날 거라고 믿었어요. 일이 없는 날이면 멀홀랜드 도로(Mulholland Drive)로 가서 두 팔을 벌리고 도시를 바라보며 말했죠. **'모두가 나와 함께 일하고 싶어 해. 나는 훌륭한 배우고, 좋은 영화 제안들이 날 기다리고 있어.'** 이런 말들을 계속해서 반복하며 스스로를 설득했어요. 그렇게 세상에 맞설 준비를 마치면, 차를 타고 언덕을 내려오면서 또 생각했죠. **'나를 위한 영화 제안들은 이미 존재해. 다만 아직 나에게 도달하지 않았을 뿐이야.'** 이 확언들은 제가 어려움을 이겨내도록 해 준 해독제였어요."   - 짐 캐리

그는 긍정 확언을 반복해서 되뇌는 것뿐만 아니라, 그것을 구체적으로

시각화하는 방법도 사용했습니다. '10년 후 나에게 천만 달러를 지급한다'고 적은 수표를 항상 지갑에 넣고 다닌 것이죠. 그로부터 약 10년 뒤, 영화 〈덤 앤 더머〉를 통해 실제로 천만 달러를 받게 되면서 그의 확언은 결국 현실이 되었습니다. 우리는 짐 캐리의 이야기를 통해, 자신감을 회복하는 다음 3가지 방법을 배울 수 있습니다.

첫 번째, 원하는 성공을 구체화하는 것입니다. 짐 캐리는 '훌륭한 배우가 되고 싶다'는 막연한 바람이 아니라, '할리우드에서 유명 감독들의 영화 제안을 받는 훌륭한 배우가 된다'는 구체적인 목표를 세웠습니다. 목표를 구체화하는 것은 그 자체만으로도 구체적인 실행 방안을 떠올리게 하며, 구체적인 실행 방안을 떠올리면 그것을 수행하는 것이 훨씬 쉬워집니다.

두 번째, 목표를 시각화하는 것입니다. 짐 캐리는 자신에게 천만 달러를 지급하겠다는 수표를 작성함으로써, 언제 어디서든 그의 목표가 직접적으로 눈에 보이게 했습니다. 목표를 글로 적는 것은 목표 달성 확률을 크게 높이고, 목표를 구체적으로 쓸수록 성공 가능성은 더 커집니다. 글을 쓰면 그 내용이 뇌에 더 오래 기억되고, 시각적으로 자주 접하면서 계속 상기하게 됩니다.

세 번째, 스스로에게 긍정 확언을 반복하는 습관을 들이는 것입니다. 짐 캐리는 매일 밤 멀홀랜드 도로에서 자신이 성공할 수밖에 없다는 확언을 되뇌었습니다. 긍정 확언을 지속적으로 반복하는 것은 부정적인 생각을 이겨내고 자신감을 회복하는 데 매우 중요합니다. 반복은 성공에 대한 구체적인 이미지를 잠재의식에 각인시키는 가장 효과적인 방법입니다.

짐 캐리가 확언을 반복하고 천만 달러 수표를 작성했던 것처럼 여러분도 매일 목표를 되뇌며 자신감을 가져 보세요. 언젠가 그 꿈은 현실이 되어 있을 것입니다.

037

미셸 루이즈(Michele Ruiz)의 말

당신이 얼마나 멀리 갈 수 있을지
의심하는 사람들이 있다면,
그들의 목소리가 들리지 않을 만큼
멀리 가 버리세요.

If people are doubting how far you can go,
go so far that you can't hear them anymore.

나의 말

나는 나를 의심하는 사람들의 목소리에 흔들리지 않는다.
나는 그들의 말에 신경 쓰지 않고,
오히려 그 의심을 추진력으로 사용한다.
그 누구도 나의 한계를 정할 수 없으며,
나는 내가 끝없이 성장할 수 있음을 안다.

038

스티븐 킹 (Stephen King)의 말

당신은 할 수 있고, 해내야 합니다.
시작할 만큼 용감하다면,
당신은 해낼 것입니다.

You can, you should,
and if you're brave enough to start, you will.

나의 말

나는 할 수 있고, 반드시 해낼 것이다.
시작할 용기를 냈다면 이미 절반은 이룬 것이며,
나에게는 끝까지 나아갈 힘이 있다.
나는 반드시 해내고, 나의 가능성을 증명할 것이다.

039

랠프 월도 에머슨(Ralph Waldo Emerson)의 말

나에 대한 자신감을 잃으면, 온 우주가 나의 적이 됩니다.

If I have lost confidence in myself,
I have the universe against me.

나의 말

나는 스스로에 대한 자신감을 절대 잃지 않는다.
가장 큰 내 편은 나 자신이며,
내가 나를 믿을 때 세상도 나를 존중하고 인정한다.
나는 나 자신을 신뢰하기에,
그 어떤 외부의 영향도 나를 흔들 수 없다.

040

램 대스(Ram Dass)의 말

자신의 길을 다른 사람들과 비교하지 마세요.
그 길은 당신만의 유일무이한 길입니다.

Don't compare your path with anybody else's.
Your path is unique to you.

나의 말

나는 남들과 비교하지 않고 나의 길을 걷는다.
나의 길은 내 고유한 경험과 배움으로 가득 찬 소중한 여정이다.
나는 나만의 속도와 방향을 믿으며,
다른 사람이 아닌 나의 길을 묵묵히 나아간다.

041

빈스 롬바르디(Vince Lombardi)의 말

중요한 것은 넘어졌느냐가 아니라, 다시 일어서는가입니다.

It's not whether you get knocked down,
it's whether you get up.

나의 말

나는 넘어져도 다시 일어난다.
나는 목표를 달성하는 과정에서
수없이 많은 좌절을 겪을 수 있음을 안다.
그럼에도 나는 좌절에 머물러 있지 않고 다시 일어선다.
그리고 다시 일어날 그 의지가 결국 나를 성공으로 이끌 것이다.

042

벤자민 스포크(Benjamin Spock)의 말

자신을 믿으세요.
당신은 생각보다 더 많은 것을 알고 있습니다.

Trust yourself, you know more than you think you do.

나의 말

나는 내가 가진 능력과 지식을 깊이 신뢰한다.
나는 내가 생각하는 것보다 더 많은 것을 알고 있으며,
스스로에 대한 신뢰가 나를 더 강하게 만든다.
나는 어떤 상황이 닥치더라도 나의 지혜와 경험을 믿고,
결단을 내린다.

043

팀 페리스(Tim Ferriss)의 말

자신이 없다고요? 그런데 그거 아세요?
다른 사람도 마찬가지입니다.
경쟁자는 과대평가하고 나 자신은
과소평가하는 실수를 저지르지 마세요.
여러분은 자신이 생각하는 것보다
훨씬 나은 사람입니다.

If you are insecure, guess what?
The rest of the world is, too.
Do not overestimate the competition
and underestimate yourself.
You are better than you think.

나의 말

나는 나 자신을 높이 평가한다.
다른 사람들도 나와 같은 불안을 느끼므로,
경쟁자를 과대평가하기보다는 나의 능력을 믿고 나아간다.
나의 능력은 내가 생각하는 것보다 훨씬 크고 가치 있으며,
나는 나의 잠재력을 믿는다.

044

웨인 다이어 (Wayne Dyer)의 말

당신의 유일한 한계는
당신이 스스로 설정한 한계뿐입니다.

The only limits you have are the limits you believe.

나의 말

나는 내가 믿는 만큼 더 멀리 나아갈 수 있음을 안다.
나의 한계는 스스로 정한 것에 불과하며,
그 한계로 인해 내 자신을 제약하지 않는다.
나는 내가 할 수 있다고 믿으며 내 가능성을 확장하고,
믿는 것을 현실로 만든다.

045

크리스티안 D. 라슨(Christian D. Larson)의 말

당신과 당신의 모든 것을 믿으세요.
당신의 내면에는
그 어떤 장애물보다 더 위대한
무언가가 있다는 사실을 기억하세요.

Believe in yourself and all that you are.
Know that there is something inside you
that is greater than any obstacle.

나의 말

나는 나 자신과 내가 가진 모든 것을 믿는다.
나의 내면에는 그 어떤 장애물도 이겨낼 수 있는
더 큰 힘이 있으며, 이 강한 힘이 나를 나아가게 한다.
나는 나의 잠재력을 믿고 모든 도전을 극복해 나간다.

046

앤드류 매튜스(Andrew Matthews)**의 말**

모든 일이 잘 풀리지 않는 것처럼 느껴질 때,
사실 그렇지 않은 경우가 많습니다.
단지 우리가 큰 그림을
보지 못하고 있을 뿐입니다.

When we think everything is going wrong, it usually isn't.
We just can't see the whole picture.

나의 말

나는 당장의 어려움이 내 인생의 일부에 불과함을 안다.
나는 시야를 넓혀 인생의 큰 그림을 보고,
내가 처한 상황을 객관적으로 바라본다.
시야의 확장은 나를 더 단단하게 만들어 주고,
새로운 기회를 마주하게 할 것이다.

047

데이비드 J. 슈워츠(David J. Schwartz)의 말

할 수 있다고 믿으세요.
할 수 있다고 진심으로 믿으면,
당신의 마음이 방법을 찾아낼 것입니다.
해결책이 있다고 믿으면,
해결책이 보일 것입니다.

Believe it can be done.
When you believe something can be done, really believe,
your mind will find the ways to do it.
Believing a solution paves the way to a solution.

나의 말

나는 내가 할 수 있다는 것을 안다.

나의 가능성은 무한하며, 스스로를 믿는 순간 모든 것이 가능해진다.

마음속 깊이 성공을 확신할 때, 해결책은 자연스럽게 떠오른다.

나는 목표를 달성할 수 있는 힘을 가지고 있다.

048

발타사르 그라시안(Baltasar Gracian)의 말

자신을 내보이세요.
그러면 당신의 재능이 빛을 발할 것입니다.

Put yourself on view.
This brings your talents to light.

나의 말

나는 나 자신을 숨기지 않고 당당하게 드러낸다.

내가 나를 진정으로 표현해야만

나의 재능과 능력이 자유롭게 발휘될 수 있다.

스스로를 믿고 나설 때 더 큰 기회가 찾아오며,

내 능력이 더욱 빛을 발하고 성장할 기회를 얻게 될 것이다.

049

당신의 첫 번째 날을
다른 누군가의 100일째 날과 비교하지 마세요.

Don't compare your day one to someone else's day 100.

나의 말

나는 나만의 속도로 성장한다.
나는 나의 첫 걸음을 존중하며,
다른 사람과 나를 비교하지 않는다.
이미 앞서간 사람들과 나를 견주기보다는,
내 속도에 맞춰 꾸준히 발전해 나간다.
나는 나만의 여정을 소중히 여기며,
성장의 과정을 즐길 것이다.

050

T. 하브 에커 (T. Harv Eker)의 말

성공한 사람들도
두려움과 의심, 걱정이 있습니다.
그들은 단지 이런 감정에
휘둘리지 않을 뿐입니다.

Successful people have fear,
successful people have doubts,
and successful people have worries.
They just don't let these feelings stop them.

나의 말

나는 두려움이라는 감정에 굴복하지 않는다.
의심과 걱정의 순간은 나의 계획을 재점검할 수 있는 기회다.
불안한 감정들은 나를 멈추게 할 수 없으며,
오히려 나의 능력을 더욱 끌어낸다.
나는 감정에 휩쓸리지 않고, 나의 선택을 믿으며 앞으로 나아간다.

051

C. S. 루이스(C. S. Lewis)의 말

다시 돌아가서 시작을 바꿀 수는 없지만, 지금 시작해서 결말을 바꿀 수는 있습니다.

You can't go back and change the beginning
but you can start where you are and change the ending.

나의 말

나는 과거를 바꿀 수 없지만, 미래를 바꿀 수는 있다.
나는 지나간 과거에 얽매이지 않고,
지금의 행동에 집중한다.
오늘 내가 하는 선택과 행동이
새로운 미래로 이끌어 줄 것이다.
나는 현재의 기회를 최대한 활용하여,
지금 이 순간부터 나만의 결말을 만들어 나간다.

052

G. K. 체스터턴(G. K. Chesterton)의 말

저는 최고의 조언을 경청한 후,
정반대로 행동한 덕분에
성공할 수 있었습니다.

I owe my success to having listened respectfully
to the very best advice, and then going away
and doing the exact opposite.

나의 말

나는 나만의 길을 개척한다.

나는 타인의 조언을 귀 기울여 듣되, 최종 결정은 직접 내린다.

때로는 정해진 틀에서 벗어날 때 새로운 길이 열린다.

나는 독창적인 선택으로 나만의 길을 개척하고,

결국 성공에 다다를 것이다.

053

브룩 데이비스(Brooke Davis)의 말

인생에 때로 어려움이 닥치겠지만,
머지않아 당신이 단순한 생존자가 아니라는
사실을 깨닫게 될 거예요. 당신은 전사예요.
인생의 그 어떤 풍파보다 강합니다.

Sometimes, life will kick you around, but sooner or later,
you realize you're not just a survivor.
You're a warrior, and you're stronger than anything
life throws your way.

나의 말

나는 어려움을 마주할 때마다 내 안의 강인함을 깨닫는다.
내 안의 힘은 내가 어떤 도전 앞에서도 흔들리지 않고,
모든 역경을 극복하게 할 것이다.
나는 내가 생각하는 것보다 강하므로,
인생이 나를 시험해도 언제나 승리한다.

054

자신의 가치를 아는 순간,
남들의 시선은 더 이상 중요하지 않습니다.

The moment you realize your self-worth,
other people's opinions no longer matter.

나의 말

나는 내가 가치 있는 존재임을 안다.

나의 가치를 깨닫는 순간, 남들의 기준은 더 이상 중요하지 않다.

나는 나 자신을 믿고,

타인의 기준이 아닌 나의 기준으로 삶을 살아간다.

선택은 스스로 내리는 것이며, 나는 나의 기준과 원칙을 존중한다.

055

티나 페이 (Tina Fey)의 말

실수란 존재하지 않습니다.
오직 기회만 있을 뿐입니다.

There are no mistakes, only opportunities.

나의 말

나는 실수를 배움의 기회로 삼는다.
모든 실수는 나를 더 나은 방향으로 이끌어 주는 발판이다.
나는 이를 중요한 과정으로 인식하고,
매 순간을 기회로 삼아 더 나은 나로 발전한다.

056

데니스 웨이틀리 (Denis Waitley)의 말

이미 잘못된 일에 연연하지 마세요.
대신 다음에 해야 할 일에 집중하세요.
답을 찾기 위해 나아가는 데
에너지를 쏟으세요.

Don't dwell on what went wrong.
Instead, focus on what to do next.
Spend your energies on moving forward
toward finding the answer.

나의 말

나는 이미 지나간 일에 얽매이지 않는다.
나는 과거에 연연하지 않고 지금 내가 할 수 있는 일에 집중한다.
나는 바꿀 수 없는 과거의 문제가 아니라,
현재의 문제를 해결하는 데에 나의 에너지를 쓴다.

057

스티븐 킹 (Stephen King)의 말

가장 두려운 순간은 언제나
시작하기 직전입니다.
막상 시작하고 나면
모든 것이 나아질 것입니다.

The scariest moment is always just before you start.
After that, things can only get better.

나의 말

나는 일단 시작하면 괜찮아진다는 것을 안다.
시작하기 전에는 언제나 두렵지만,
그것은 시작하기 전의 막연한 두려움일 뿐이다.
나는 불확실성을 받아들이며, 용기 있게 첫발을 내디딘다.
시작은 나를 더 강하게 만들고, 모든 변화를 이끌어 낸다.

058

누군가가 할 수 있는 일이라면
당신도 할 수 있습니다.
그 점을 꼭 기억하세요.

If someone else can do it, so can you.
Never forget that.

나의 말

나는 내가 무엇이든 해낼 수 있는 사람임을 안다.
누군가 해낸 일이라면, 나 또한 그것을 이룰 수 있다.
나는 스스로의 능력을 신뢰하며,
도전을 앞두고 절대 자신감을 잃지 않는다.

059

미셸 호드킨 (Michelle Hodkin)의 말

당신은 당신이 생각하는 것보다 더 강합니다.
두려움이 삶을 지배하지 않도록 하세요.
당신 삶의 주인은 당신이어야 합니다.

You're stronger than you believe.
Don't let your fear own you. Own yourself.

나의 말

나는 내가 생각하는 것보다 훨씬 더 강하다.
나는 두려움에 굴하지 않고, 내 삶의 선택을 주도적으로 이끈다.
나는 어려움 속에서도 용기 있게 나의 길을 선택하며,
내 삶의 주인으로서 자신감 있게 행동한다.

060

성 프란치스코 드 살 (Saint Francis de Sales)의 말

모든 것에 인내심을 가지되,
무엇보다도 스스로에게 인내심을 가지세요.
자신의 불완전함에 낙담하지 말고
즉시 그것을 고쳐 나가세요.
매일 새로운 마음으로 다시 시작하는 겁니다.

Have patience with all things,
but chiefly have patience with yourself.
Do not lose courage in considering your own imperfections,
but instantly set about remedying them—
every day, begin the task anew.

나의 말

나는 누구보다도 나 자신에게 가장 많은 인내와 이해를 베푼다.
나는 내가 완벽하지 않음을 받아들이고,
나의 실수에 낙담하지 않는다.
나는 매일 새로운 마음으로 조금씩 나아가려는 의지를 다진다.
나는 스스로에게 너그러운 마음을 갖고,
꾸준히 더 나은 나를 만들어 간다.

061

로버트 앤서니 (Robert Anthony)의 말

가질 수 없다는 생각만 버리면,
원하는 무엇이든 가질 수 있습니다.

You can have anything you want
if you are willing to give up the belief that you can't have it.

나의 말

나는 내가 꿈꾸는 모든 것을 이룰 수 있다.
불가능하다는 마음의 제약을 없애면 나의 가능성은 무한해진다.
나는 이 믿음을 바탕으로, 내가 원하는 길을 실현해 나간다.
내 안의 무한한 잠재력은 나를 더 높은 곳으로 이끌 것이다.

062

존 우든(John Wooden)의 말

당신이 할 수 없는 것이,
당신이 할 수 있는 것을
방해하지 못하게 하세요.

Do not let what you cannot do interfere with what you can do.

나의 말

나는 내가 할 수 있는 일에 집중한다.

할 수 없는 일에 얽매이는 것은 내가 나아가는 길을
방해하기만 할 뿐이다.

나는 내 한계를 인정하되, 그것에 머무르지 않는다.

나는 나의 능력을 최대한 발휘하여 최고의 성취를 이룬다.

063

꿈을 향해 달려가는 사람은 누구나
장애물을 만납니다.
중요한 것은 당신이 그 장애물에
어떻게 맞서는가입니다.

Everyone chasing a dream will encounter obstacles,
but the true test lies in how you rise to meet them.

나의 말

나는 나의 길에서 마주할 장애물을 두려워하지 않는다.
나는 나의 목표로 향하는 길에서,
얼마든지 장애물을 만날 수 있음을 안다.
나는 장애물을 피하지 않고 정면으로 마주하며,
그것을 넘어 꿈에 한 걸음 더 가까워진다.

064

마리 퀴리 (Marie Curie)의 말

발전의 길은 결코 빠르지도,
쉽지도 않다고 배웠습니다.

I was taught that the way of progress
was neither swift nor easy.

나의 말

나는 발전이 꾸준한 노력에서만 나온다는 것을 안다.
어려운 길일수록 그 과정에서 많은 것을 배울 수 있다.
천천히 가더라도 나는 분명히 성장하고 있으며,
꾸준함과 인내는 나를 더 큰 성취로 이끌어 줄 것이다.
나는 오늘도 나의 속도에 맞춰 한 걸음씩 나아간다.

065

넬슨 만델라(Nelson Mandela)의 말

끝까지 해 보기 전까지는
늘 불가능해 보입니다.

It always seems impossible until it's done.

나의 말

나는 끝까지 해 보기 전까지 불가능을 판단하지 않는다.
나는 도전의 과정에서 가능성을 발견하며,
어려워 보이는 일도 노력하면 이룰 수 있음을 안다.
나는 중간에 포기하지 않고 끝까지 시도하며,
내 가능성을 최대한으로 끌어내 모든 한계를 넘어선다.

066

노먼 본(Norman Vaughan)의 말

큰 꿈을 꾸고 감히 실패해 보세요.

Dream big and dare to fail.

나의 말

나는 큰 꿈을 꾸는 것을 두려워하지 않는다.
실패는 더 나은 방향으로 나아가는 전환점이며,
나는 과감하게 도전하여 성장의 기회를 찾는다.
나는 꿈을 향해 나아가며, 어떤 결과에도 흔들리지 않는다.

067

스티브 잡스 (Steve Jobs)의 말

우리가 하지 않는 일도,
우리가 하는 일만큼이나 자랑스럽습니다.

I'm as proud of what we don't do as I am of what we do.

나의 말

나는 하지 않은 선택도, 내가 이룬 일만큼 자랑스럽게 여긴다.
때로는 어떤 것을 하지 않기로 선택하는 것이
더 나은 결정일 수 있다.
모든 선택은 나의 성장과 균형을 위한 중요한 과정이다.
나는 해야 할 일과 그렇지 않은 일을 분별하는 힘을 키우고,
꼭 필요한 일에 내 에너지를 집중한다.

068

노먼 빈센트 필(Norman Vincent Peale)의 말

자신을 믿으세요.
자신의 능력에 대한 믿음을 가지세요.
자신의 힘에 대한
겸손하지만 합리적인 자신감 없이는
성공할 수도, 행복할 수도 없습니다.

Believe in yourself. Have faith in your abilities.
Without a humble but reasonable confidence
in your own powers, you cannot be successful or happy.

나의 말

나는 나 자신과 나의 능력을 믿는다.
겸손하면서도 확고한 자신감이 나를 성공과 행복으로 이끈다.
스스로에 대한 믿음이 없다면 그 어떤 목표도 이룰 수 없다.
나는 자신감을 바탕으로, 매 순간 새로운 기회를 창출해 낸다.

069

토머스 에디슨(Thomas Edison)의 말

저는 실패하지 않았습니다.
단지 되지 않는 방법을
1만 가지 찾아낸 것뿐입니다.

I have not failed. I've just found 10,000 ways that won't work.

나의 말

나는 실패한 것이 아니라, 배움을 얻은 것이다.
어떤 이들은 단순한 실패로 볼지 모르지만,
나에게는 또 하나의 소중한 노하우가 쌓인 의미 있는 도전이다.
모든 시도와 결과는 나를 성장하게 하고,
작은 경험 하나까지도 나의 길을 더 단단하게 만들어 준다.
나는 끝없이 도전하며, 결국 내가 원하는 목표를 이룬다.

070

헨리 반 다이크(Henry van Dyke)의 말

가지고 있는 어떤 재주든 사용하세요.
노래를 가장 잘하는 새들만 지저귄다면,
숲은 너무도 적막할 것입니다.

Use what talents you possess:
the woods would be very silent
if no birds sang there except those that sang best.

나의 말

나는 내가 가진 재능을 아낌없이 사용한다.
모든 재능은 소중하며, 각자가 빛을 발할 때 세상은 더 풍요로워진다.
나는 나의 목소리와 능력을 남들과 비교하지 않고 세상에 드러낸다.
나는 용기를 내어 나만의 고유한 방식으로,
세상에 긍정적인 영향을 미친다.

071

무하마드 알리 (Muhammad Ali)의 말

불가능은 사실이 아닙니다. 의견일 뿐입니다. 불가능이란 없습니다.

Impossible is not a fact. It's an opinion.
Impossible is nothing.

나의 말

나는 불가능하다는 의견에 흔들리지 않는다.

나의 가능성은 무한하며, 어려움은 내 앞에 놓인 과제일 뿐이다.

나는 스스로의 능력을 믿으며,

모든 도전이 이루어질 수 있다고 확신한다.

나에게 불가능이란 존재하지 않는다.

072

브라이언 트레이시 (Brian Tracy)의 말

자신감은 내가 갖고 싶던 자신감을
이미 가진 것처럼 행동함으로써
길러질 수 있는 습관입니다.

Confidence is a habit that can be developed
by acting as if you already have the confidence
you desire to have.

나의 말

나는 자신감을 이미 가진 것처럼 행동한다.
자신감은 내가 원하는 모습으로 행동할 때 길러지는 습관이다.
나는 스스로를 신뢰하며,
자신감 넘치는 모습으로 모든 상황에 임한다.
그 행동들은 나의 자신감을 점점 더 단단하게 만들며,
결국 모든 목표를 실현하게 할 것이다.

073

빈센트 반 고흐(Vincent van Gogh)의 말

내면에서 '너는 그림을 못 그려'라는
목소리가 들리면, 오히려 그림을 그리세요.
그러면 그 목소리는 잠잠해질 것입니다.

If you hear a voice within you say "You cannot paint,"
then by all means paint, and that voice will be silenced.

나의 말

나는 부정적인 생각이 들 때 더 열심히 도전한다.
의구심이 나를 멈추려 할 때,
나는 행동함으로써 그 목소리를 이겨 낸다.
내가 움직이면 내면의 의심은 점차 사라지고 자신감이 자리 잡는다.
나는 나 자신을 믿으며, 두려움을 넘어선다.

074

카렌 E. 퀴노네스 밀러 (Karen E. Quinones Miller)의 말

누군가가 나에게 '안 돼'라고 말하는 것은 내가 그 일을 할 수 없다는 뜻이 아니라, 그 사람과 함께 할 수 없다는 뜻일 뿐입니다.

When someone tells me "no," it doesn't mean I can't do it, it simply means I can't do it with them.

나의 말

나의 가능성은 타인에 의해 제한되지 않는다.
나는 타인의 한계를 내 것으로 삼지 않으며,
내 꿈과 목표를 향해 나아간다.
나는 나의 길을 스스로 선택하며,
스스로의 능력을 믿고 원하는 목표를 쟁취한다.

075

칼리드(Khalid)의 말

긍정, 자신감, 끈기는 인생의 핵심이니 절대 자신을 포기하지 마세요.

Positiveness, confidence, and persistence are key to life, so never give up on yourself.

나의 말

나는 긍정, 자신감, 끈기를 내 삶의 중심에 둔다.
긍정적인 마음가짐은 나를 강하게 만들고,
자신감은 나를 앞으로 나아가게 한다.
어려운 순간에도 나는 나 자신을 믿으며, 끈기로 끝까지 노력한다.
나는 이 세 가지를 원동력 삼아 어떤 도전도 극복한다.

Chapter 3
자존감&위로

스스로를 응원하고
위로하고 싶을 때

> **교육심리학의 대가 크리스틴 네프가 알려 주는 '자기자비'.**
> **"싫어하는 사람에게도 하지 않을 모진 말은 스스로에게도 하지 마세요."**

우리는 연이은 실패를 경험할 때 분노, 수치심, 우울 같은 감정을 느끼게 됩니다. 또 '난 정말 답이 없어', '진짜 한심하다'처럼, 타인에게는 절대 하지 않을 가혹한 말을 자신에게는 아무렇지도 않게 내뱉기도 하죠. 왜 우리는 스스로에게 따뜻한 위로보다는 비판부터 하게 되는 걸까요?

미국 텍사스 대학교 오스틴 캠퍼스의 교육심리학과 부교수 크리스틴 네프(Kristin Neff)는 사람들이 자기비판을 하는 가장 큰 이유가 동기부여라고 설명합니다. 스스로에게 채찍질해야만 동기를 얻는다는 믿음을 갖고 있기 때문이라는 것이죠. 하지만 네프는 자기비판이 정반대의 결과를 초래한다고 주장합니다. 자기비판을 받으면 신체가 위협적인 상황에 놓인 것처럼 인식하여 위협 방어 시스템을 활성화하는데, 이때 가해자와 피해자가 모두 '나 자신'인 문제가 발생하기 때문이죠. 나 자신을 공격하는 것은 코르티솔 분비를 촉진하여 장기적으로는 우울감을 불러일으킬 수 있기 때문에, 자기비판은 건강한 동기부여가 될 수 없다는 것입니다. 따라서 생각한 만큼의 성과를 내지 못했을 때, 스스로를 비판하는 것보다는 따뜻한 위로를 건네는 것이 훨씬 더 효과적인 해결책입니다.

여러분은 스스로를 어떻게 위로하고 계신가요? 어떤 사람들은 친구에게 전화를 걸어 힘들었던 일들을 털어놓거나 퇴근 후 동료들과 맥주를 마시기도 하고, 또 어떤 사람들은 혼자서 취미생활에 몰두하거나 푹 자는 것으로 스트레스를 풉니다. 이렇게 외부적인 행위로부터 얻는 위로도 도움이 되지만, 가장 강력한 위로는 스스로에게 진심으로 공감할 때만 얻을 수 있습니다. 이것이 바로 네프가 강조하는 '자기자비(self-compassion)'의 핵심입니다. 네프는 '자기자비'를 나 자신의 부족한 부분까지도 그대로 받아들이는 것이라고 정의하며, 이를 실천하는 3가지 방법을 소개합니다.

첫 번째, 자기 자신에게 친절하게 대하는 마음(self-kindness)을 갖는 것입니다. 주변 사람에게 따뜻한 응원을 해 주듯, 나 자신에게도 같은 위로와 응원이 필요합니다. 스스로를 몰아세우는 것이 느껴질 때는 부정적인 생각을 멈추고, 소중한 누군가를 위로하듯이 자신을 다독여야 합니다.

두 번째, 인간보편성(common humanity)을 깨닫는 것입니다. 우리는 흔히 남들과 비교하며 자신이 부족하다고 느끼지만, 세상에 완벽한 사람은 없습니다. 실패를 경험했을 때 자신을 탓하며 자책하기보다는 모두가 결점이 있음을 인식하고 잠시 숨을 고르세요. 그리고 준비가 되었을 때 다시 나아가면 됩니다.

세 번째, 마음챙김(mindfulness)을 실천하는 것입니다. 마음챙김이란 오롯이 현재에 집중하는 것을 의미합니다. 네프는 우리가 자기 비판에 너무 익숙해져서 때로는 스스로가 고통받고 있다는 사실조차 모른다고 말합니다. 자기 자신을 위로하기 위해서는 우선 지금 내가 힘들다는 사실부터 인지해야 합니다. 마음의 소리에 귀 기울여 보세요. 지금 당신에게 가장 필요한 것은 스스로에게 도움이 필요하다는 것을 깨닫는 것일 수 있습니다.

네프는 자기자비가 자존감을 높여 주는 핵심 요소라고 설명합니다. 자신감은 외부 요인으로 인해 하락할 수 있지만, 강한 자존감은 그 상황에서도 흔들리지 않고 내면을 지킬 수 있는 힘을 주기 때문입니다. 여러분도 이 챕터의 명언과 확언을 통해 나 자신을 격려하고 위로하는 시간을 충분히 가지며 스스로를 지키는 가장 큰 무기를 장착해 보시기 바랍니다.

076

루실 볼(Lucille Ball)의 말

자신을 먼저 사랑하세요.
그러면 모든 것이 제자리를 찾을 것입니다.

Love yourself first and everything else falls into line.

나의 말

나는 나 자신을 먼저 사랑한다.
내가 나를 사랑할 때, 모든 것들이 자연스럽게 맞춰진다.
나는 나의 감정과 필요를 소중히 여기며,
나에게 집중함으로써 균형 잡힌 삶을 만들어 간다.

077

앤디 비어색(Andy Biersack)의 말

사람들이 계속해서 상처를 준다면,
그들을 사포라고 생각하세요.
그들이 당신을 긁고 아프게 할지라도,
결국 당신은 빛나고
그들은 쓸모없어질 테니까요.

When people hurt you over and over,
think of them like sandpaper.
They may scratch and hurt you a bit, but in the end,
you end up polished and they end up useless.

나의 말

나는 상처 주는 사람들로부터 배움을 얻는다.
타인의 말이나 행동이 나를 아프게 할 때도,
나는 더욱 강하고 단단해진다.
상처를 극복하는 과정에서 나는 나의 가치를 더욱 빛내며,
그들의 영향에서 벗어나 스스로를 지켜 낸다.

078

스스로를 부드럽게 대하세요.
당신은 최선을 다하고 있습니다.

Be kind to yourself.
You're doing your best.

나의 말

나는 스스로를 다그치지 않는다.

나는 내가 이미 최선을 다하고 있음을 안다.

나는 작은 실수로 스스로를 비난하지 않고,

너그럽게 받아들인다.

나는 나를 존중하며, 나만의 속도로 꾸준히 성장한다.

079

아사드 메아 (Asad Meah)의 말

당신은 축복받았고, 대단하고, 멋지고, 특별하고, 유일무이하고, 재능이 넘치고, 타고난 능력이 있고, 사랑받고 있습니다.

You are blessed, you are amazing, you are wonderful, you are special, you are unique, you are talented, you are gifted, and you are loved.

나의 말

나는 내가 축복받은 존재임을 기억한다.
내가 가진 특별함과 재능은 나를 더욱 빛나게 한다.
나는 세상에 단 하나뿐인 나를 스스로 인정하고 아끼며,
내가 사랑받는 존재임을 온전히 받아들인다.

Chapter 3 · 자존감&위로

080

빅토르 위고(Victor Hugo)의 말

가장 어두운 밤도 결국 지나가고,
새로운 아침이 밝아 올 것입니다.

Even the darkest night will end and the sun will rise.

나의 말

나는 가장 어두운 순간에도 희망을 잃지 않는다.
어둠은 영원하지 않으며,
시간이 지나면 모든 것이 해결되고 새로운 시작이 올 것이다.
나는 더 나은 날을 기다리며 나의 길을 묵묵히 걸어간다.

081

디팩 초프라(Deepak Chopra)의 말

놓아주는 과정에서
과거의 많은 것을 잃게 되겠지만,
그 속에서 나 자신을 찾게 될 것입니다.

In the process of letting go, you will lose many things from the past, but you will find yourself.

나의 말

나는 과거를 놓아줄 용기가 있다.
나는 비워지는 것이 있으면 새로 채워지는 것이 있다는 것을 알며,
과거에 얽매이지 않고 필요한 것만을 남긴다.
나는 홀가분해진 내 모습 속에서 나의 가치를 더 깊이 깨달으며,
진정으로 성장한다.

082

파울로 코엘료(Paulo Coelho)의 말

당신의 여정을 이해하지 못하는 사람도 있을 겁니다.
이해하지 못해도 됩니다.
어차피 그들을 위한 것이 아니니까요.

Some people around you will not understand your journey.
They don't need to; it's not for them.

나의 말

나는 내가 가는 길이 나만의 것임을 안다.
나의 선택은 오직 나를 위한 것이므로,
모두가 그것을 이해하지 않아도 괜찮다.
나는 다른 사람의 평가나 의견에 휘둘리지 않고,
내가 믿는 길을 당당히 걸어간다.

083

커트 코베인 (Kurt Cobain)의 말

내가 아닌 모습으로 사랑받기보다는, 있는 그대로의 나로 미움받는 것이 낫습니다.

I'd rather be hated for who I am than loved for who I'm not.

나의 말

나는 내 본연의 모습이 충분히 가치 있는 존재임을 안다.
나는 다른 사람의 기대에 맞추기보다,
나답게 사는 것을 선택하고 나의 길을 걸을 것이다.
나는 진정한 나로 살아갈 때 가장 빛나며,
그것이 진짜 행복의 시작임을 안다.

084

미셸 오바마(Michelle Obama)의 말

우리는 자신을 돌보는 일을 우선순위에 두고, 더 중요하게 생각해야 합니다.

We need to do a better job of putting ourselves higher on our own "to-do" list.

나의 말

나는 나 자신을 챙기는 것을 최우선으로 한다.
충분한 휴식을 가지며 나를 충전할 때 삶의 균형이 잡히고,
더 큰 힘을 발휘할 수 있다.
나는 내 몸과 마음이 보내는 신호를 잘 살피며, 나를 잘 보살핀다.
나의 건강과 행복은 언제나 나의 1순위다.

085

타이라 뱅크스 (Tyra Banks)의 말

다른 사람을 위해 자신의 빛을 잃지 마세요.

Never dull your shine for somebody else.

나의 말

나는 다른 사람을 위해 나의 가치를 잃지 않는다.
나는 나의 강점을 숨기지 않으며,
내가 빛날 때 나의 고유한 가치가 드러난다.
나는 다른 사람의 기대에 흔들리지 않으며,
나의 진정한 모습을 소중히 여긴다.

086

브라이언 트레이시 (Brian Tracy)의 말

자존감과 자기애는 두려움의 반대말입니다.
자신을 더 사랑할수록,
두려움도 덜 느끼게 됩니다.

Self-esteem and self-love are the opposites of fear;
the more you like yourself, the less you fear anything.

나의 말

나는 나 자신을 사랑함으로써 두려움을 극복한다.
스스로에 대한 사랑은
타인의 시선이나 실패에 대한 불안함을 없앤다.
자존감과 자기애는 나를 강하게 만들고,
어떤 도전도 두렵지 않게 한다.

087

앨런 무어(Alan Moore)의 말

당신이 허락하지 않는 한, 과거는 더 이상 당신을 해칠 수 없습니다.

The past can't hurt you anymore, not unless you let it.

나의 말

나는 과거가 나를 지배하도록 허락하지 않는다.
나는 지금까지 꿋꿋하게 버텨온 나를 아낌없이 칭찬한다.
나는 과거를 내려놓을 때 더 큰 자유가 찾아온다는 것을 알며,
과거에 얽매이지 않고 현재와 미래에 집중한다.

088

로이 T. 베넷(Roy T. Bennett)의 말

절대 희망을 잃지 마세요.
폭풍은 사람을 더 강하게 만들고,
절대 영원히 지속되지 않습니다.

Never lose hope. Storms make people stronger and never last forever.

나의 말

나는 어려운 시기에도 희망을 잃지 않는다.
폭풍은 영원하지 않고 결국 지나간다.
폭풍이 지나가고 나면,
나는 더 강하고 지혜로워진 나를 발견할 것이다.

089

나의 가치를 모르는 사람을 잡느라
나 자신을 잃지 마세요.

Don't lose yourself chasing someone who doesn't see your worth.

나의 말

나는 나의 가치를 모르는 사람들에게 에너지를 낭비하지 않는다.
가장 중요한 것은 나 자신을 소중하게 여기는 것이므로,
나를 위한 선택을 한다.
나는 스스로를 존중하며, 나를 소중히 여기는 사람들과 함께한다.

090

오프라 윈프리 (Oprah Winfrey)의 말

당신이 사랑하는 일을 하고
그 일이 당신을 만족시킨다면,
나머지는 저절로 따라오게 되어 있습니다.

What I know is that if you do work that you love,
and the work fulfills you, the rest will come.

나의 말

나는 내가 사랑하는 일을 할 때 결과가 따른다는 것을 안다.
나를 만족시키는 일이 삶의 중심에 있으면,
다른 일들은 자연스럽게 풀리며 제자리를 찾는다.
내가 진정으로 즐긴다면, 나의 열정이 성취를 이끌 것이다.

091

토니 로빈스(Tony Robbins)의 말

지금으로부터 10년 후에는
오늘 당신에게 스트레스를 줬던 일을 생각하며
웃고 있을 겁니다.
그러니 지금 바로 웃어넘겨 보면 어때요?

Ten years from now, you'll laugh at
whatever's stressing you out today.
So why not laugh now?

나의 말

나는 시간이 지나면 오늘의 스트레스를 웃으며 회상할 것임을 안다.
지금의 어려움은 훗날 아무것도 아니게 될 것이며,
그 뒤에는 더 단단해진 내가 기다리고 있다.
나는 스트레스를 주는 일에 집중하지 않고,
지금의 순간을 긍정적으로 받아들인다.

092

레오 버스카글리아(Leo Buscaglia)의 말

타인을 사랑하려면,
먼저 자신을 사랑해야 합니다.

To love others, you must first love yourself.

나의 말

나는 나 자신을 먼저 사랑하는 법을 배운다.
스스로를 존중하고 돌볼수록 타인과의 관계는 더욱 풍요로워지며, 내가 나를 사랑해야만 다른 사람에게도 진정한 사랑을 전할 수 있다. 나는 나에 대한 사랑을 바탕으로 세상과 연결된다.

093

루터 버뱅크(Luther Burbank)의 말

누군가가 꽃을 가져다줄 때까지
기다리지 마세요.
당신만의 정원을 만들고
당신만의 영혼을 가꾸세요.

Don't wait for someone to bring you flowers.
Plant your own garden and decorate your own soul.

나의 말

나는 내 삶을 주도적으로 이끈다.
진정한 행복은 남에게 기대지 않고
내가 나를 스스로 돌볼 때 찾아온다.
나는 내 안에서 나만의 빛을 발견하고,
그것을 키워가며 나의 세상을 만들어 간다.

094

존 그린(John Green)의 말

가장 어두운 밤이 가장 밝은 별을 만듭니다.

The darkest nights produce the brightest stars.

나의 말

나는 어려운 순간을 통해 더 강해진다.
나는 어둠 속에서 내 안의 진정한 힘을 발견하며,
시련이 클수록 나의 잠재력과 빛도 더 커진다.
고난은 나를 더 강하게 만들고,
나는 나의 힘으로 밝은 순간을 맞이한다.

095

카렌 살만손(Karen Salmansohn)의 말

불안은 모든 것을 한 번에
해결해야 한다고 생각할 때 발생합니다.
숨을 쉬세요. 당신은 강합니다.
할 수 있어요. 하루에 하나씩 하면 됩니다.

Anxiety happens when you think you need to solve
everything at once. Breathe. You're strong.
You got this. Take it day by day.

나의 말

나는 모든 일을 한 번에 해결하려고 하지 않는다.
나는 불안할 때마다 숨을 고르고, 지금 할 수 있는 것에 집중한다.
나에게는 눈앞의 일들을 차분하게 바라볼 힘이 있으며,
내 속도에 맞춰 문제를 풀어 나간다.

096

앤 랜더스(Ann Landers)의 말

꼭 붙잡고 버티는 것이 강함이라고
믿는 사람들이 있습니다.
하지만 놓아줄 때를 알고 보내주는 데
훨씬 더 큰 힘이 필요할 때도 있습니다.

Some people believe holding on and hanging in there
are signs of great strength.
However, there are times when it takes much more strength
to know when to let go and then do it.

나의 말

나는 무조건 버티는 것이 강함이 아님을 안다.
스스로를 위해 내려놓아야 할 때, 나는 주저하지 않는다.
나는 과거를 흘려보내며, 더 큰 자유를 가지고 새롭게 출발한다.

097

성숙함이란, 타인의 시선을 넘어 자신의 기준에 맞춰 살아가는 것입니다.

True growth means living by your own standards,
free from the judgment of others.

나의 말

나는 타인의 시선에 흔들리지 않고 나만의 기준을 따른다.
성숙함은 남이 아닌 나 자신에게 충실한 것이며,
나는 내가 세운 가치와 원칙을 바탕으로 삶을 꾸려 간다.
나는 나의 선택을 존중하며, 나만의 길을 당당하게 걷는다.

098

로버트 튜(Robert Tew)의 말

부정적이고 해로운 사람들에게
머릿속 공간을 내어 주지 마세요.
임대료를 올리고 쫓아내세요.

Don't let negative and toxic people rent space in your head.
Raise the rent and kick them out.

나의 말

나는 나에게 해로운 사람들에게 내 마음을 허락하지 않는다.
나는 부정적인 사람들이 내 삶에 영향을 끼치는 것을
단호하게 차단한다.
나는 불필요한 인간관계에 에너지를 쏟지 않고,
나를 위한 건강한 관계만을 선택한다.

Chapter 3 · 자존감&위로

099

우울한 날이 찾아와도
유연하게 받아들여 보세요.
그 감정을 느끼되, 거기에 머물지 마세요.

Even when a bad day comes, let it pass with ease.
Feel the emotions, but don't let them take over.

나의 말

나는 우울한 감정도 자연스럽게 받아들인다.
나는 그 감정을 충분히 느끼되, 그것에 얽매이거나 매몰되지 않는다.
나는 내 마음이 보내는 신호를 존중하면서, 다시 일어설 힘을 찾는다.
나는 감정에 지배당하지 않고, 균형을 되찾는다.

100

칼 로저스(Carl Rogers)의 말

저는 완벽하진 않지만, 그 자체로 충분합니다.

I'm not perfect, but I'm enough.

나의 말

나는 나의 불완전함 속에서 나만의 강점을 발견한다.
나는 완벽하지 않더라도 내가 가진 가치를 충분히 알고 있다.
나의 부족한 면은 나를 더욱 특별하게 만들며,
그 자체로도 의미를 가진다.
나는 스스로를 존중하며, 있는 그대로의 나를 사랑한다.

101

마리스카 하지테이 (Mariska Hargitay)의 말

치유에는 시간이 필요하며,
도움을 요청하는 것은 용기 있는 행동입니다.

Healing takes time, and asking for help is a courageous step.

나의 말

나는 필요할 때 용기 있게 도움을 요청한다.
나는 치유의 과정에 시간이 필요함을 이해하고,
스스로에게 여유를 준다.
나는 모든 것을 혼자 해결하려 하지 않고,
필요한 순간에 도움을 요청한다.
나는 치유의 과정을 존중하며,
다른 사람들의 도움을 통해 다시 일어선다.

102

스티브 잡스(Steve Jobs)**의 말**

당신의 시간은 제한되어 있으니,
다른 사람의 인생을 사는 데 낭비하지 마세요.

Your time is limited, so don't waste it living someone else's life.

나의 말

나는 내 소중한 시간을 나를 위해 사용한다.
나는 다른 사람의 기대에 얽매이지 않고,
그들의 인생에 시간을 낭비하지 않는다.
나의 시간은 내가 원하는 삶을 살 때 의미 있게 흘러가며,
나는 나의 삶을 주체적으로 살아간다.

103

마땅히 누려야 하는 것을
포기하고 타협하는 순간,
타협한 수준의 대우도 받지 못하게 됩니다.

The moment you settle for less than what you deserve,
you risk receiving even less than you compromised for.

나의 말

나는 나의 정당한 권리를 쉽게 포기하지 않는다.
내가 나의 가치를 존중할 때 세상도 나를 존중하며,
적절하지 않은 타협은 나의 가치를 스스로 낮추는 것이다.
나는 내 권리를 지키며, 당당하게 나의 자리를 만들어 간다.

104

이소룡(Bruce Lee)의 말

흐르는 물은 썩지 않습니다.
당신도 계속 흘러가면 됩니다.

Running water never grows stale.
So you just have to keep on flowing.

나의 말

나는 멈추지 않고 끊임없이 나아간다.

흐르는 물처럼, 계속되는 변화와 성장이 나를 건강하게 만든다.

나는 고여 있지 않고 지속적으로 움직이며,

매 순간 배움의 자세로 삶의 지혜를 쌓아 간다.

105

더 이상 견딜 수 없을 때까지
다른 사람이 나를 실망하게
내버려두는 경우가 많습니다.
아프더라도 나를 위한 일을 해야 합니다.

We often let others disappoint us until we reach our limit.
But sometimes, even through the pain,
we must take action and prioritize ourselves
for our own well-being.

나의 말

나는 나를 위해 결단을 내린다.
나는 다른 사람이 나를 실망하게 하는 것을
계속해서 참고 견디지 않는다.
비록 힘들지라도, 나는 나를 위한 선택의 중요성을 안다.
나 스스로를 지키는 결정은 나를 더 강하게 만들 것이다.

106

아사드 메아(Asad Meah)의 말

괜찮지 않아도 괜찮습니다.
단, 절대 자신을 포기하지 마세요.

It's okay to not be okay, but never give up on yourself.

나의 말

나는 때로 괜찮지 않아도 된다는 것을 받아들인다.
중요한 것은, 무너질 것 같은 순간에도
내가 스스로를 포기하지 않는 것이다.
나는 어떤 어려움이 와도, 스스로를 믿고 지지하며 한 걸음 더 내디딘다.

Chapter 4
인간관계

혼자 살아가는 세상이
아님을 깨달았을 때

효과적인 리더십을 발휘하는 방법: 리더십 전문가 사이먼 사이넥의 '골든 서클' 이론

리더십 전문가 사이먼 사이넥(Simon Sinek)의 TED 강연 〈How Great Leaders Inspire Action(위대한 리더가 행동을 유도하는 법)〉은 2024년 11월 기준 약 6,600만 회 이상의 조회수를 기록하며 커뮤니케이션과 리더십 분야에서 꾸준히 주목받고 있습니다. 이 강연에서 사이넥은 '골든 서클(Golden Circle)' 이론을 소개하며, 대부분의 사람들은 'What(무엇을)'과 'How(어떻게)'에 주목하지만, 위대한 리더들은 'Why(왜)'에서부터 출발해 사람들에게 영감을 준다고 설명합니다. 그는 이를 잘 보여주는 예시로 애플(Apple)을 소개합니다.

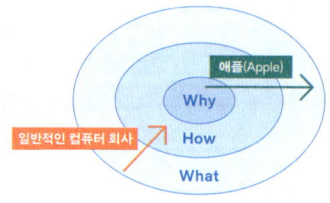

〈골든 서클(Golden Circle)〉

일반적인 컴퓨터 회사	애플(Apple)
What(무엇을?): 우리는 멋진 컴퓨터를 만듭니다.	**Why**(왜?): 우리는 기존 방식에 끊임없이 도전하고, 남들과는 다르게 생각해야 한다고 믿습니다.
How(어떻게?): 예쁜 디자인과 유저의 편의성을 고려했습니다.	**How**(어떻게?): 그 믿음을 실현하기 위해 예쁜 디자인과 편의성을 고려했습니다.
	What(무엇을?): 우리는 그에 맞는 훌륭한 컴퓨터를 만들 뿐입니다.

애플의 마케팅이 강력한 이유는 사람들이 애플이 제시하는 가치에 깊이 공감하게 했기 때문입니다. 그리고 이러한 원리는 리더십과 인간관계에도 적용됩니다. 내가 말하거나 행동하는 본질적인 이유를 명확히 이해하고 있을 때, 비로소 사람들의 마음을 움직이고 진정한 소통이 가능해지기 때문입니다.

사이넥은 강연 중 "People don't buy what you do, they buy why you do it(사람들은 당신이 만드는 것에 돈을 쓰는 게 아니라, 당신이 그것을 만드는 이유에 돈을 씁니다)."이라는 말을 반복하며 강조했습니다. 이 원리를 인간관계에 적용해 보면 어떨까요? 내가 누군가와 왜 대화하고 있는지, 그들을 왜 설득하려는지에 대한 명확한 이유가 없다면 그들의 마음을 움직일 수 없을 것입니다. 그리고 상대방의 마음을 움직이지 못하면 행동으로도 이어질 수 없을 것입니다. 여러분도 아래 질문을 통해 나만의 'Why(왜)'를 생각해 보세요. 이 질문들이 여러분의 소통과 인간관계를 더욱 단단하게 만드는 계기가 되길 바랍니다.

❶ 나는 왜 이 일을 하고 있는가? 나의 핵심 가치나 목표는 무엇인가?
❷ 상대방과 소통할 때, 나의 비전과 믿음을 명확하게 전달하고 있는가?
❸ 나의 비전이 다른 사람에게 영감을 주고 있는가?
❹ 나의 믿음이 내가 내리는 모든 결정에 일관성 있게 반영되고 있는가?

107

켄 블랜차드(Ken Blanchard)의 말

성공적인 리더십의 핵심은
권위에 의한 통제가 아니라,
사람들에게 미치는 영향력입니다.

The key to successful leadership today is influence, not authority.

나의 말

나는 주변에 긍정적인 영향을 주는 리더가 된다.
진정한 리더십은 권위가 아닌 신뢰와 존중을 바탕으로 하며,
리더는 사람들의 마음을 움직이는 존재이다.
나는 개인의 자율성을 존중하며,
진심 어린 소통을 통해 그들과 함께 성장한다.

108

헬렌 켈러(Helen Keller)의 말

혼자 할 수 있는 일은 매우 적지만, 함께라면 훨씬 더 많은 일을 해낼 수 있습니다.

Alone we can do so little; together we can do so much.

나의 말

나는 함께하는 힘을 믿는다.
누군가와 함께할 때의 힘이 우리를 더 강하게 만들며,
그들과 협력할 때 우리는 더 많은 것을 이룬다.
나는 다른 사람들과 함께 나아가며,
우리의 노력을 모아 더 큰 성취를 만들어 낸다.

109

몽테스키외 (Montesquieu)의 말

진정으로 위대해지려면,
사람들 위에 서는 것이 아니라
사람들과 함께 서 있어야 합니다.

To become truly great, one has to stand with people,
not above them.

나의 말

나는 사람들과 함께 성장한다.
혼자 앞서기보다 모두 함께 성장할 때,
더 큰 변화를 이끌어 낼 수 있다.
우리는 서로의 가치를 존중하며, 더 나은 방향으로 나아간다.

110

이솝(Aesop)의 말

아무리 작은 친절이라도, 결코 헛되지 않습니다.

No act of kindness, no matter how small, is ever wasted.

나의 말

나는 작은 친절이 큰 변화를 일으킬 수 있음을 안다.
사소한 친절도 누군가에게는 큰 힘과 위로가 될 수 있으므로,
나는 그것을 소중히 여긴다.
나는 진심 어린 마음으로 다른 이들에게 친절을 베푼다.
나의 친절은 절대 헛되지 않으며 주변을 밝게 만든다.

111

벤자민 프랭클린(Benjamin Franklin)의 말

좋은 평판을 얻으려면
많은 선행이 필요하고,
그 평판을 잃는 데는
단 하나의 악행이면 충분합니다.

It takes many good deeds to build a good reputation,
and only one bad one to lose it.

나의 말

나는 한 번의 실수가 나의 평판을 무너뜨릴 수 있음을 경계한다.
신뢰는 오랜 시간 쌓아가는 것이지만,
한 번의 잘못으로 무너질 수 있으므로 매 순간 책임감 있게 행동한다.
나는 꾸준한 선행으로 좋은 평판을 쌓으며,
신중한 태도로 이를 지켜 낸다.

112

라마나 마하르시(Ramana Maharshi)**의 말**

올 것은 오게 하고, 떠날 것은 떠나보내세요. 그리고 무엇이 남아 있는지 보세요.

Let come what comes, let go what goes.
See what remains.

나의 말

나는 오고 가는 인연에 연연하지 않는다.
모든 만남과 이별은 나를 성장시키는 소중한 경험이다.
나는 불필요한 것에 집착하지 않으며,
진정으로 중요한 것은 나에게 남아 있는 것임을 안다.
나는 지금 내 곁에 있는 소중한 사람들에게 감사한다.

113

프레드 로저스(Fred Rogers)의 말

누군가를 사랑한다는 것은,
그 사람의 현재 모습을 있는 그대로
받아들이기 위해 노력하는 것입니다.

To love someone is to strive to accept that person
exactly the way he or she is, right here and now.

나의 말

나는 사랑하는 사람들을 있는 그대로 존중한다.
사랑이란, 변화를 강요하지 않고
서로의 부족함을 이해하며 함께 성장하는 것이다.
나는 타인의 모습을 온전히 존중하며 더 깊은 관계를 맺고,
진정한 사랑을 나눈다.

114

에이브러햄 링컨(Abraham Lincoln)의 말

행동은 말보다 크게 울립니다.

Actions speak louder than words.

나의 말

나는 나의 진심을 말보다 행동으로 표현한다.
행동은 말보다 더 큰 의미를 가지며,
행동으로써 진심을 보여 줄 때 관계는 더 깊어진다.
나는 내 행동으로 진정성을 증명하며,
신뢰에 기반한 관계를 만들어 간다.

115

데일 카네기 (Dale Carnegie)의 말

성공적인 인간관계의 비결은 상대방의 입장을 공감하며 이해하는 것입니다.

Success in dealing with people depends on
a sympathetic grasp of the other person's viewpoint.

나의 말

나는 타인의 입장도 이해하려고 노력한다.
서로의 마음을 이해할 때 관계는 더 깊고 의미 있게 발전한다.
나는 공감과 존중을 바탕으로 다른 사람들과 소통하며,
건강한 인간관계를 쌓는다.

116

쥘 르나르(Jules Renard)의 말

겸손해지세요. 그것이야말로 남에게 가장 불쾌감을 주지 않는 자신감입니다.

Be modest. It is the kind of pride least likely to offend.

나의 말

나는 겸손한 태도가 가장 자연스러운 자신감의 표현임을 안다.
겸손함은 자신감을 드러내면서도 다른 사람을 불편하게 하지 않는다.
나는 나를 낮추지 않으면서도 타인을 존중하며,
이 속에서 진정한 자신감을 가지고 관계를 이어 간다.

117

조지 엘리엇 (George Eliot)의 말

우리가 살아가는 이유는, 서로의 삶을 조금이라도 덜 힘들게 하기 위해서일 것입니다.

What do we live for, if it is not to make life less difficult for each other?

나의 말

나는 서로 돕는 것이 우리가 살아가는 이유임을 안다.
배려와 친절은 세상을 더 따뜻하게 만들며,
내가 전하는 도움과 위로는 누군가의 하루를 더 가볍게 한다.
나는 진심 어린 마음으로 누군가의 짐을 덜어 주며,
오늘도 나와 타인의 삶을 더 나아지게 한다.

118

우리는 매일 누군가의 삶에
작은 변화를 만들어 낼 수 있습니다.

We have the power to make a small difference
in someone's life every day.

나의 말

나는 타인의 삶에 의미 있는 변화를 가져온다.
나의 작은 미소와 따뜻한 말 한마디로
누군가의 하루가 달라질 수 있다.
나는 주변 사람들에게 힘이 되는 존재가 되기 위해 노력하며,
나의 작은 친절이 세상을 더 아름답게 만들 것이라고 믿는다.

119

가브리엘 가르시아 마르케스(Gabriel García Márquez)의 말

진정한 친구란 당신의 손을 잡아 주고
당신의 마음을 어루만져 주는 사람입니다.

A true friend is the one who holds your hand
and touches your heart.

나의 말

나는 진정한 친구들을 소중히 여긴다.
나는 내 마음을 이해하고 위로해 주는 친구들에게 감사하며,
우리는 서로의 곁에서 손을 잡고 함께한다.
나는 친구들의 가치를 항상 기억하고,
기쁨과 위로를 나눔으로써 서로에게 힘이 되어 준다.

120

타인을 판단하기 전에,
먼저 그 사람의 입장이 되어 보세요.

Before you judge someone, walk a mile in their shoes.

나의 말

나는 타인을 그들의 입장에서 이해하려고 노력한다.
나는 섣부른 판단을 멈추고 상대방의 시각에서도 세상을 바라본다.
타인과 공감할 때 세상을 향한 따뜻한 시선을 가질 수 있으며,
나는 공감과 이해를 바탕으로 진정한 인간관계를 형성한다.

121

메릴 스트립(Meryl Streep)의 말

공감할 수 있는 능력은
인간에게 주어진 가장 큰 재능입니다.

The great gift of human beings is that
we have the power of empathy.

나의 말

나는 공감을 통해 세상과 더 깊이 소통한다.
공감은 사람들의 마음을 이어 주는 가장 큰 힘이며,
나는 이 재능을 소중히 여긴다.
타인의 입장에서 세상을 바라볼 때,
우리는 서로를 더 잘 이해하고 함께 느낄 수 있다.
나는 다른 사람들을 위로하고 그들의 고통을 함께 나누며,
더 나은 세상을 만들어 간다.

122

사랑은 두 사람이
한 걸음씩 서로를 완성해 가는 것입니다.

Love is two people completing each other, step by step.

> 나의 말

나는 사랑이 서로를 이해하고 함께 성장하는 여정임을 안다.
사랑 속에서 우리는 서로의 부족함을 받아들이고 존중한다.
사랑은 서로를 지지하며 더 강해지는 과정이며,
이 과정을 통해 우리는 함께 더 나은 사람이 된다.

123

헤라클레이토스(Heraclitus)의 말

좋은 인성은
일주일이나 한 달 만에 형성되는 것이 아니고,
매일 조금씩 만들어지는 것입니다.
따라서 지속적이고 꾸준한 노력이 필요합니다.

Good character is not formed in a week or a month.
It is created little by little, day by day.
Protracted and patient effort is needed to develop
good character.

나의 말

나는 꾸준한 노력으로 나의 성격을 더욱 성숙하고 강인하게 만든다.
매일의 작은 선택들은 나를 더 진중한 사람으로 성장시킨다.
나는 하루하루 선행을 쌓으며, 성숙하고 더 나은 나를 만들어 간다.

124

친구를 고르는 데 신중하세요.
그들은 당신의 미래입니다.

Choose your friends wisely. They define your future.

나의 말

나는 나의 인연들과 긍정적인 에너지를 주고받는다.
우리는 서로를 지지하고 도우며, 함께 성장한다.
나는 나와 긍정적인 영향을 주고받는 인연을 소중히 가꾸며,
그들과 함께 미래를 만들어 간다.

125

앙투안 드 생텍쥐페리 (Antoine de Saint-Exupéry)의 말

마음으로 보아야만 제대로 볼 수 있습니다.
중요한 것은 눈에 보이지 않거든요.

It is only with the heart that one can see rightly,
what is essential is invisible to the eye.

나의 말

나는 겉으로 드러나는 것이 전부가 아님을 안다.

진정한 가치는 마음으로 느끼고 이해할 때 발견할 수 있으므로,

나는 눈에 보이지 않는 본질을 들여다보기 위해 노력한다.

나는 마음의 눈으로 세상을 바라보며,

진정으로 중요한 것들을 놓치지 않는다.

126

루터 버뱅크(Luther Burbank)의 말

세상에서 가장 큰 행복은
다른 사람을 행복하게 만드는 것입니다.

The greatest happiness in the world is to make others happy.

나의 말

나는 다른 사람을 행복하게 하며 기쁨을 얻는다.
타인의 행복을 위해 노력할 때 나의 삶도 풍요로워지며,
내가 전하는 행복은 결국 나에게도 돌아온다.
나는 오늘도 주변 사람들을 기쁘게 할 작은 일들을 실천하며,
다른 이의 행복에도 관심을 갖는다.

127

브라이언 트레이시(Brian Tracy)**의 말**

성공한 사람들은 항상
다른 사람들을 도울 기회를 찾습니다.
성공하지 못한 사람들은 항상
'이것이 나에게 어떤 이득이 되는가?'만을
고민합니다.

Successful people are always looking for opportunities to help others. Unsuccessful people are always asking, "What's in it for me?"

나의 말

나는 성공이란 혼자가 아니라, 함께 이뤄 가는 것임을 깨닫는다.
성공은 다른 사람들과 함께할 때 더 큰 의미를 갖는다.
나는 나만의 이익보다는 나눔을 선택하며,
많은 사람에게 이로운 길을 가기로 결정한다.
나는 주변 사람들을 도우며, 그들과 함께 더 큰 성공을 이룬다.

128

칼 융(Carl Jung)의 말

우리는 서로를 통해 우리 자신을 발견합니다.

We discover ourselves through others.

나의 말

나는 다른 사람과의 관계 속에서 나 자신을 더욱 깊이 이해한다.
나는 타인과의 소통에서 나의 장단점을 깨닫고,
장점은 강화하고 단점은 보완한다.
우리는 서로에게 거울이 되어 더 나은 방향으로 나아가며,
내면의 성장을 추구한다.

129

G. K. 체스터턴 (G. K. Chesterton)의 말

무언가를 사랑하는 방법은
그것을 잃을 수도 있다는 사실을
깨닫는 것입니다.

The way to love anything is to realize that it may be lost.

나의 말

나는 소중한 것들이 영원하지 않음을 안다.
내 주변의 것들은 언젠가 사라질 수 있으며,
나는 그것을 깨닫고 현재의 관계에 더 집중하고 최선을 다한다.
나는 지금 이 순간과, 내 곁에 있는 사람들에게 감사한다.

130

존 헤이 (John Hay)의 말

친구란 인생의 햇살과도 같습니다.

Friends are the sunshine of life.

나의 말

나는 우정이 내 영혼을 따뜻하게 해 준다고 믿는다.

우정은 나의 삶을 밝히며,

친구들과 함께하는 시간은 나에게 기쁨과 위로를 선사한다.

그들은 나의 든든한 버팀목이며,

나는 그들에게서 힘을 얻어 나의 삶을 더욱 의미 있게 만든다.

131

도널드 밀러 (Donald Miller)의 말

사람들에게 완벽함을 바라지 않으면, 그들을 있는 그대로 좋아할 수 있습니다.

When you stop expecting people to be perfect,
you can like them for who they are.

나의 말

나는 타인에게 완벽함을 기대하지 않고, 그들의 본모습을 존중한다.
모두가 완벽하지 않기에,
우리는 서로의 부족함을 더 깊이 이해할 수 있다.
나는 타인의 결점보다 장점에 조금 더 집중하고,
그들을 있는 그대로 받아들이기 위해 노력한다.

132

우리는 우리가 사랑하는 사람에게서 배우고,
우리가 미워하는 사람에게서 성장합니다.

We learn from those we love, and we grow from those we hate.

> 나의 말

나는 모든 관계에서 교훈을 얻는다.
나는 사랑하는 사람들의 장점을 배우고,
미워하는 사람과의 경험을 통해 성장한다.
모든 관계는 나에게 가르침을 주며,
나는 그 속에서 더 나은 나로 발전한다.

133

마야 안젤루(Maya Angelou)의 말

사람들은 당신이 한 말과 행동을
모두 잊겠지만,
당신이 그들에게 어떤 감정을 느끼게 했는지는
결코 잊지 않을 것입니다.

People will forget what you said,
people will forget what you did,
but people will never forget how you made them feel.

나의 말

나는 사람들이 나로 인해 느낄 감정을 중요하게 생각한다.
내가 전하는 진심은 타인의 마음을 움직이며,
그들이 나로 인해 느낀 감정은 오래 기억될 수 있다.
나는 상대방의 마음속에 좋은 감정으로 남도록,
말과 행동을 신중히 한다.

134

인간관계의 시작은
서로의 차이점을 인정하는 것입니다.

The beginning of any relationship is
recognizing and accepting each other's differences.

나의 말

나는 모든 사람의 고유한 가치를 존중한다.
서로의 차이는 각자를 더 의미 있게 만들어 주며,
이를 인정할 때 진정한 소통과 이해가 시작된다.
나는 서로의 다름을 받아들이고,
더 깊은 이해와 협력을 이끌어 내며 성장한다.

135

어니스트 헤밍웨이 (Ernest Hemingway)의 말

누군가를 신뢰해도 될지 알 수 있는
가장 좋은 방법은
그 사람을 신뢰하는 것입니다.

The best way to find out if you can trust somebody is to trust them.

나의 말

나는 신뢰가 관계를 시작하는 가장 중요한 출발점임을 안다.
상대방을 진심으로 믿어야 그들의 신뢰를 얻으며,
더 깊은 이해와 협력의 기회를 가질 수 있다.
나는 의심보다는 신뢰를 선택하며, 진정한 관계를 쌓아 간다.

136

에픽테토스(Epictetus)의 말

입이 한 개이고 귀가 두 개인 이유는,
말하는 것보다 두 배 더 많이 듣기 위함입니다.

We have two ears and one mouth
so that we can listen twice as much as we speak.

나의 말

나는 말하는 것보다 더 많이 들으려 노력한다.
경청은 상대의 진심을 이해하는 첫걸음이며,
나의 경청하려는 태도는 사람들의 마음을 연다.
나는 말하기 전에 먼저 듣는 습관을 들이며,
경청을 통해 얻은 깨달음으로 나의 내면을 더 단단하게 한다.

137

헨리 포드(Henry Ford)의 말

모두가 함께 앞으로 나아간다면, 성공은 저절로 따라옵니다.

If everyone is moving forward together,
then success takes care of itself.

나의 말

나는 협력이 성공의 가장 큰 열쇠임을 믿는다.
나는 나와 같은 비전을 가진 사람들과 함께할 때 동기부여를 받고,
우리는 목표를 공유하고 함께 이뤄 갈 큰 그림을 그린다.
우리는 서로의 에너지를 북돋음으로써 함께 성공을 만들어 간다.

138

로제 드 뷔시-라뷔탱(Roger de Bussy-Rabutin)의 말

바람이 불에 미치는 영향은
결핍이 사랑에 미치는 영향과 같습니다.
작은 사랑은 꺼지게 하고,
큰 사랑은 더욱 타오르게 합니다.

Absence is to love what wind is to fire;
it extinguishes the small, it inflames the great.

나의 말

나는 결핍이 사랑을 더 강하게 만들 수 있음을 깨닫는다.
어려움을 마주했을 때, 진정한 유대는 더 단단해진다.
진심 어린 관계는 모든 시련을 이겨 내며 흔들리지 않는다.
나는 사랑 속에서 모든 고난을 극복하고, 소중한 관계를 지켜 낸다.

139

엘버트 허버드(Elbert Hubbard)의 말

친구란 당신에 대해 모든 것을 알고도 여전히 당신을 사랑하는 사람입니다.

A friend is someone who knows all about you
and still loves you.

나의 말

나는 나를 있는 그대로 사랑해 주는 사람들을 소중히 여긴다.
우정은 서로의 부족함을 이해하면서도 함께하는 것이다.
나는 나의 불완전함을 받아들여 주는 사람들로부터 큰 힘을 얻으며,
그들의 사랑은 나의 존재를 더욱 빛나게 한다.
나는 진정한 친구들과 함께 더 깊은 우정을 쌓아 간다.

140

에리히 프롬(Erich Fromm)의 말

사랑은 받는 것이 아니라, 주는 것입니다.

Love is primarily giving, not receiving.

나의 말

나는 누군가에게 사랑을 줄 때 더 큰 기쁨을 느낀다.

사랑을 주는 것은 나의 마음을 더욱 깊고 풍요롭게 하고,

더 큰 행복을 가져다준다.

나는 사랑을 줄 수 있다는 것에 감사하며,

조건 없이 베푸는 기쁨을 누린다.

141

테일러 스위프트(Taylor Swift)의 말

모두가 같은 의견일 필요는 없지만, 우리는 서로를 존중해야 합니다.

We don't need to share the same opinions as others,
but we need to be respectful.

나의 말

나는 다른 사람들과 의견이 다를 때에도 그들의 생각을 존중한다.
서로 다르다는 것을 받아들일 때 진정한 존중이 싹트며,
나와 다른 의견을 존중하는 것이 성숙한 관계의 기본 바탕이다.
나는 언제나 경청하며, 공감하는 마음으로 다양한 의견을 포용한다.

142

마크 트웨인(Mark Twain)의 말

친절은 듣지 못하는 사람도 들을 수 있고, 보지 못하는 사람도 볼 수 있는 언어입니다.

Kindness is the language which the deaf can hear and the blind can see.

나의 말

나는 친절이 누구에게나 닿을 수 있는 가장 강력한 언어임을 안다.
작은 친절도 세상에 큰 감동을 불러올 수 있으며,
나의 말 한마디가 누군가의 하루를 밝힐 수 있다.
나는 따뜻한 배려로 오늘도 세상에 긍정적인 에너지를 전파한다.

143

수잔 소머스(Suzanne Somers)의 말

용서는 자신을 위한 선물입니다.

Forgiveness is a gift you give yourself.

나의 말

나는 용서를 통해 나 자신에게 자유와 평화를 준다.

용서는 어려운 일이지만,

나를 더 가벼운 마음으로 살아가게 해 주는 선물이 될 수 있다.

나는 나에게 상처를 준 사람을 용서함으로써,

내 마음의 짐을 내려놓고 더 평온해진다.

나는 용서를 통해 내 안의 상처를 치유한다.

144

마하트마 간디(Mahatma Gandhi)의 말

세상이 변하길 원한다면, 직접 그 변화를 실천하세요.

Be the change that you wish to see in the world.

나의 말

나는 세상을 바꾸기 위해 나부터 변화시킨다.
변화의 시작은 나로부터 오는 것이며,
작고 사소한 행동들도 세상에 긍정적인 영향을 미친다.
나는 직접 그 변화를 실천함으로써, 세상을 더 나은 곳으로 만든다.

Chapter 5
지혜

긍정적인 삶을 위한
지혜가 필요할 때

> 예일대 법대 출신 행복 연구가 그레첸 루빈이 깨달은 삶의 지혜,
> 《The Happiness Project (무조건 행복할 것)》로 살펴보는 행복 12계명

우리는 모두 행복해지기를 바라면서도, 바쁜 일상에 치여 행복에 대해 깊이 고민할 시간을 내지 못합니다. 《The Happiness Project (무조건 행복할 것)》의 저자 그레첸 루빈(Gretchen Rubin)도 마찬가지였죠. 예일대 법대를 졸업하고 뉴욕에서 성공한 변호사로 활동하던 그는, 어느 날 자신이 진정으로 원하는 것은 행복임에도 불구하고 이에 대해 깊이 고민해 본 적이 없다는 것을 깨달았습니다. 이를 계기로 그는 1년간 '행복해지기 프로젝트'를 진행했고, 그 경험을 바탕으로 《The Happiness Project (무조건 행복할 것)》를 집필했습니다. 이 책은 뉴욕 타임스 베스트셀러에 오르며 수많은 사람들의 공감을 얻었습니다.

루빈은 행복해질 수 있는 실질적인 방법으로 매달 하나의 목표를 세우고, 그 목표를 이룰 수 있는 구체적인 계획 수립을 제시합니다. 예를 들어, 1월의 목표로는 '활력 되찾기'를 제시하며 이를 위해 '숙면 취하기', '규칙적으로 운동하기', '억지로라도 활기차게 생활하기' 등의 구체적인 실천법을 제안합니다. 루빈은 일상 속 작은 선택들이 모여 행복한 삶을 만들 수 있다고 말하며, 실천 가능한 방법들과 자신의 경험담을 통해 독자들에게 행복해질 수 있는 실질적인 가이드를 제시합니다.

루빈은 이에 더해 자신만의 행복 12계명 만들기를 제안합니다. 다만 그는 사람마다 살아온 환경과 가치관이 다르기 때문에 자신이 세운 행복 12계명을 그대로 따르기보다, 이를 참고하여 모두가 각자의 인생 계명을 작성해 보기를 권합니다.

그레첸 루빈 의 행복 12계명

① '나'답게 살아라. (Be Gretchen.)
   *밑줄에 본인의 이름을 넣으세요.
② 내려놓아라. (Let it go.)
③ 느끼고 싶은 대로 행동하라.
   (Act the way I want to feel.)
④ 지금 바로 해라. (Do it now.)
⑤ 공손하고 공정하게 대하라.
   (Be polite and be fair.)
⑥ 과정을 즐겨라.
   (Enjoy the process.)
⑦ 아끼지 말고 써라. (Spend out.)
⑧ 문제의 본질을 파악하라.
   (Identify the problem.)
⑨ 가볍게 생각하라. (Lighten up.)
⑩ 해야 할 일을 하라.
   (Do what ought to be done.)
⑪ 계산하지 마라. (No calculation.)
⑫ 오직 사랑뿐이다.
   (There is only love.)

일반적으로 우리는 감정이 행동을 이끈다고 생각하지만, 다양한 심리학 연구 결과에 따르면 실제로는 내가 하는 행동에 따라 그에 맞는 감정을 느낀다고 합니다. 예를 들어 다른 사람들에게 더 친절해지겠다는 목표하에 현재 기분과 상관없이 일단 친절하게 행동하면 실제로 이타적인 마음이 생긴다는 것입니다. 이 방법을 행복이라는 감정에도 적용해 볼까요? 기분이 울적할 때 우울한 감정에 빠져있기보다 억지로라도 웃으며 활기차게 평소에 좋아하는 일들을 해 볼 수 있고, 피곤하다는 생각이 머리를 지배할 때는 스트레칭을 하거나 밖으로 나가 가볍게 산책을 해 볼 수도 있겠죠. 그렇게 되면 부정적이라고 생각했던 상황에서도 자연스럽게 긍정적인 감정이 생겨나고, 우울한 기분에서 벗어나는 데 도움이 될 것입니다. 여러분도 일상 속 작은 행동을 하나씩 바꾸어 보며 지혜롭게 행복을 만들어 나가 보세요.

145

게리 베이너척 (Gary Vaynerchuk)의 말

긍정은 언제나 승리합니다.
늘 그렇듯이요.

Positivity always wins. Always.

나의 말

나는 긍정적인 마음가짐이 성공의 열쇠임을 안다.
마음이 밝으면 기회가 생기고
어떤 어려움 속에서도 해답을 찾을 수 있다.
나는 모든 상황을 긍정적으로 맞이하며,
나의 긍정적인 태도는 언제나 승리를 불러올 것이다.

146

너무 깊이 생각하지 마세요.
이는 과한 생각으로 이어지고, 과한 생각은
애초에 존재하지도 않았던 문제로 이어집니다.

Don't get too deep, it leads to overthinking,
and overthinking leads to problems
that don't even exist in the first place.

> 나의 말

나는 불필요하게 걱정하지 않는다.
문제를 해결하기 위해서는 간결한 사고가 필요하며,
나는 과도한 생각으로 이어지는 것을 의식적으로 제어한다.
나는 내 앞의 상황을 단순하고 명확하게 바라보며,
지금 할 수 있는 일에만 집중한다.

147

로버트 브롤트(Robert Brault)의 말

행복하세요. 그러면 이유가 생길 것입니다.

Be happy, and a reason will come along.

나의 말

나는 행복할 것을 선택한다.
행복은 단순한 감정이 아니라 내가 하는 선택이며,
기쁨을 찾으면 더 많은 기쁨이 찾아온다.
나는 하루하루의 내 삶을 긍정적인 방향으로 설정하고,
그 안에서 더 많은 행복을 끌어들인다.

148

어른이 된다는 것은
내가 할 수 있는 것과 할 수 없는 것을 구별하고,
그 사이에서 최선을 다하는 것입니다.

*Growing up means understanding what you can and can't do,
and doing your best within those limits.*

나의 말

나는 내가 할 수 있는 일에 전념한다.
나는 나의 능력을 객관적으로 바라보며,
한계와 가능성을 명확히 인식한다.
나는 내가 할 수 있는 일에 최선을 다하며,
나만의 성장을 이뤄 나간다.

149

비비안 그린 (Vivian Greene)의 말

인생은 폭풍우가 지나가기를
기다리는 것이 아니라,
빗속에서 춤추는 법을 배우는 것입니다.

Life isn't about waiting for the storm to pass;
it's about learning to dance in the rain.

나의 말

나는 어려움 속에서도 나를 잃지 않고 중심을 잡는다.
나는 고난이 찾아와도 피하지 않고 당당하게 맞선다.
모든 상황은 내가 성장할 기회이며,
나는 그 속에서 나만의 능력과 방식을 찾는다.
나는 폭풍 속에서 춤을 추듯, 삶을 유연하게 받아들인다.

150

아리스토텔레스(Aristotle)의 말

자신을 아는 것이 모든 지혜의 시작입니다.

Knowing yourself is the beginning of all wisdom.

나의 말

나는 나 자신을 잘 알기 위해 노력한다.
스스로의 감정과 욕구를 이해해야
나를 위한 최선의 결정을 내릴 수 있다.
나 자신을 아는 것은 모든 성취의 첫걸음이므로,
나는 내 삶을 깊이 탐구하며 성장해 나간다.

151

에크하르트 톨레(Eckhart Tolle)의 말

지금 이 순간이 당신이 가진 전부라는 것을
깊이 깨달으세요.
'현재'를 당신 삶의 최우선으로 만드세요.

Realize deeply that the present moment is all you ever have.
Make the "now" the primary focus of your life.

나의 말

나는 지금 이 순간이 가장 소중하다는 것을 안다.
나는 과거를 후회하거나 미래에 얽매이지 않고,
현재의 순간에 온전히 집중한다.
오늘의 선택은 내 삶을 이루는 가장 중요한 조각이 될 것이므로,
나는 내가 가진 모든 것을 지금 이 순간에 쏟아부으며
최선의 선택을 한다.

152

아네트 푸니셀로(Annette Funicello)의 말

인생은 완벽해야만 아름다운 것이 아닙니다.

Life doesn't have to be perfect to be wonderful.

나의 말

나는 삶의 불완전함 속에서도 가치를 발견한다.
인생에는 고난과 역경뿐만 아니라 행복과 기쁨도 존재한다.
나는 부족함과 결점 속에서도 만족을 발견하며,
완벽함을 추구하기보다는 지금의 순간을 소중히 여긴다.

153

짐 캐리 (Jim Carrey)의 말

좋아하지 않는 일을 선택해도 실패할 수 있다면, 좋아하는 일을 선택하는 것이 낫지 않은가?

You can fail at what you don't want,
so you might as well take a chance on doing what you love.

나의 말

나는 내가 좋아하는 일을 선택한다.

내가 사랑하는 일에서 오는 열정은 나를 더 강하게 만들고,

그때 겪는 실패는 성장의 자양분이 될 뿐이다.

나는 나를 설레게 하는 일에서 더 큰 성취감을 느끼며,

내 열정이 이끄는 방향으로 나아간다.

154

미셸 C. 우스타제스키-허친슨(Michelle C. Ustaszeski-Hutchinson)의 말

뒤돌아보며 후회하지 말고,
무엇을 배웠는지 되새기며 미소 지으세요.

Never look back and regret,
look back and smile at what you have learned.

나의 말

**나는 과거의 실수를 후회하지 않고,
그것으로부터 통찰을 얻는다.**
나는 실수의 순간에 머무르지 않고,
그 경험으로부터 배운 것을 통해 앞으로 나아간다.
실패는 나로 하여금 새로운 출발을 가능하게 하며,
나는 과거를 통해 더 나은 나로 성장한다.

155

조지 버나드 쇼(George Bernard Shaw)의 말

건강한 신체는 건강한 정신의 결과물입니다.

The sound body is the product of the sound mind.

나의 말

나는 건강한 마음이 건강한 몸을 만든다는 것을 안다.
건강한 마음을 가꾸는 것은
신체에도 긍정적인 변화를 가져온다.
나는 내 마음을 돌보며 몸과 마음의 균형을 유지하고,
건강한 삶을 추구한다.

Chapter 5 · 지혜

156

석가모니의 말

사람은 자신이 생각하는 대로 됩니다.
사람은 자신이 느끼는 것을 끌어당깁니다.
사람은 자신이 상상하는 것을 창조합니다.

What you think, you become.
What you feel, you attract.
What you imagine, you create.

나의 말

나는 나의 삶이 내가 원하는 대로 흘러갈 것임을 안다.

내가 상상하는 모든 것은 현실이 될 것이며,

긍정적인 생각은 나를 더 큰 성취로 이끌 것이다.

나는 내가 원하는 모든 것을 이룰 것이며,

나의 생각과 감정으로 미래를 창조한다.

Chapter 5 · 지혜

157

알버트 아인슈타인(Albert Einstein)의 말

자신의 무지를 절대 과소평가하지 마세요.
Never underestimate your own ignorance.

나의 말

나는 내가 모르는 것에 대해 경각심을 가진다.
배움의 시작은 한계를 인정하는 것에서 비롯되며,
무지를 깨닫는 것은 나를 더 지혜롭게 만든다.
나는 모르는 것을 마주하는 순간을 배움의 기회로 삼으며,
계속해서 새로운 지식과 경험을 받아들인다.

158

모든 것이 교훈이 되지는 않습니다.
때로는 그냥 실패할 뿐입니다.

Not everything is a lesson. Sometimes you just fail.

나의 말

나는 모든 경험이 교훈이 되는 것은 아님을 받아들인다.
때로 실패는 그저 실패일 뿐이며,
완벽한 해답을 찾기보다는 그냥 지나가는 것이 유익할 때도 있다.
하지만 나는 실패 속에서도 스스로를 잃지 않으며,
완벽하지 않더라도 계속해서 시도하고 성장한다.

159

찰리 채플린(Charlie Chaplin)의 말

웃음이 없는 하루는 낭비된 하루입니다.

A day without laughter is a day wasted.

나의 말

나는 오늘도 웃음으로 하루를 채운다.
웃음은 단순한 행위가 아니라 활력을 주는 중요한 요소이며,
나는 작은 순간에도 즐거움을 찾는다.
나는 웃음으로써 오늘 하루를 더욱 소중한 것으로 만들며,
삶을 풍요롭게 한다.

Chapter 5 · 지혜

160

아리스토텔레스(Aristotle)의 말

위대한 천재에게는
언제나 약간의 광기가 있습니다.

There is no great genius without some touch of madness.

나의 말

나는 나만의 독특함과 열정을 자신 있게 드러낸다.
남들과 다른 시선은 세상에 신선한 변화를 불러일으키며,
약간의 광기는 나를 더 창의적이고 대담하게 만든다.
나는 독특한 아이디어에서 나오는 창의적인 시도를 즐기며,
이를 통해 새로운 차원의 가능성을 열어 간다.

161

존 N. 미첼(John N. Mitchell)의 말

삶을 대하는 우리의 태도가, 삶이 우리를 대하는 태도를 결정합니다.

Our attitude toward life determines life's attitude towards us.

나의 말

나는 긍정적인 태도로 더 많은 기회를 만들어 낸다.
나의 태도는 나의 경험을 바꿀 수 있으며,
열린 마음으로 세상을 대하면 더 많은 기회가 찾아온다.
나는 어려움이 닥치는 순간도 성장의 기회로 여기며,
어떤 상황에서도 희망적인 시각을 유지한다.

162

모든 것에 감사하는 마음을 가지면
행복한 일이 일어납니다.

When you live with a heart full of gratitude, happiness will follow.

나의 말

나는 작은 일에도 감사하는 마음을 가진다.
감사하는 마음은 삶을 더 풍요롭게 만들고,
더 많은 행복을 불러온다.
나는 매일의 순간에서 감사할 이유를 찾으며,
그 속에서 기쁨과 행복을 느낀다.

163

이안 토머스(Iain Thomas)의 말

모두가 동의하지 않더라도,
여전히 세상은 아름답다고 느끼는 당신의 마음에
자부심을 가지세요.

Take pride that even though the rest of the world
may disagree, you still find the world to be a beautiful place.

나의 말

나는 세상이 아름답다는 것을 안다.
나는 세상을 나만의 시선으로 바라보며,
그때 내가 느끼는 아름다움은 그 누구도 빼앗을 수 없다.
나는 내 마음속의 긍정과 따뜻함을 소중히 여기며,
나만의 시각으로 삶을 살아간다.

164

월트 디즈니 (Walt Disney)의 말

해 보지 않아서 후회하느니,
해 보고 후회하는 편이 낫습니다.

I'd rather regret the things I've done than regret the things I haven't done.

나의 말

나는 기회가 왔을 때 주저하지 않고 행동한다.
실패할지라도, 경험 속에서 얻는 배움은
나 자신을 더 깊이 이해하게 하며 나를 성장시킨다.
새로운 경험은 나를 더 넓은 세계로 이끌 것이므로,
나는 도전을 망설이지 않고 후회 없이 나아간다.

165

지혜로운 사람은 많이 배운 사람이 아니라,
많이 경험한 사람입니다.

A wise person is not someone who has a lot of knowledge,
but someone who has a lot of experience.

나의 말

나는 경험을 통해 진정한 지혜를 쌓아 간다.
배움보다 중요한 것은 직접 경험하고 느끼는 것이며,
많이 경험할수록 나의 시야는 더 넓어진다.
경험은 책에서는 얻을 수 없는 깨달음을 주기에,
나는 무엇이든 시도함으로써 더 나은 나로 거듭난다.

Chapter 5 · 지혜

166

월트 휘트먼(Walt Whitman)의 말

항상 햇빛을 향해 나아가세요.
그러면 그림자는 자연히
당신의 뒤에 드리워질 것입니다.

Keep your face always toward the sunshine–
and shadows will fall behind you.

나의 말

나는 밝고 긍정적인 마음으로 세상을 바라본다.
나는 부정적인 생각이 들 때도 긍정적인 관점을 유지하며,
어두운 순간에도 항상 빛을 향해 걸어간다.
밝은 마음을 유지할 때 그림자는 자연스럽게 멀어질 것이며,
나는 더 많은 밝은 에너지를 만나게 될 것이다.

167

맨디 헤일(Mandy Hale)의 말

항상 계획이 필요한 것은 아닙니다.
가끔은 그냥 숨을 고르고, 믿고, 내려놓은 뒤,
어떻게 될지 지켜봐야 하는 때도 있습니다.

You don't always need a plan.
Sometimes you just need to breathe, trust, let go,
and see what happens.

나의 말

나는 때로 계획을 내려놓고, 스스로를 흐름에 맡긴다.
때로는 모든 것을 통제하려 하지 않는 것이 필요하며,
내가 잠시 멈추고 숨을 고를 때 새로운 기회가 열릴 수도 있다.
결국 모든 것은 내가 바라는 대로 흘러갈 것이다.

168

키아누 리브스(Keanu Reeves)의 말

가끔은 틀려도 보세요.
그게 당신의 자존심에 도움이 될 거예요.

Try to be wrong once in a while, it'll do your ego good.

나의 말

나는 실수를 두려워하지 않는다.
나는 실수를 통해 배우며, 진정한 자존감은
실수를 인정하는 용기에서 나온다는 것을 안다.
나는 완벽하지 않아도 괜찮다는 사실을 받아들이고,
더 자신감 있게 나아가며 끊임없이 도전한다.

169

조셉 머피(Joseph Murphy)의 말

당신은 선택할 수 있는 힘이 있습니다.
건강과 행복을 선택하세요.

You have the power to choose.
Choose health and happiness.

나의 말

나는 나의 건강과 행복을 최우선으로 여긴다.
나의 삶은 내가 내리는 선택으로부터 형성되며,
나는 건강하고 행복한 삶을 선택한다.
나는 나의 건강과 행복을 가장 중요하게 여기며,
더 나은 선택을 통해 만족스러운 삶을 만들어 간다.

170

드류 배리모어 (Drew Barrymore)의 말

인생은 정말 흥미롭습니다.
지나고 보면, 가장 큰 고통이었던 것이
가장 큰 강점이 되기도 합니다.

Life is very interesting.
In the end, some of your greatest pains
become your greatest strengths.

나의 말

나는 고통 속에서 배운 것을 나의 가장 큰 강점으로 삼는다.
나는 어려움을 마주할 때마다 내 안의 새로운 힘을 발견하며,
고난의 순간이 지나고 나면 한층 더 성장할 것이다.
나는 고통을 성장의 발판으로 삼으며,
더 단단한 내가 되어 담담하게 나아간다.

Chapter 5 · 지혜

171

토니 로빈스(Tony Robbins)의 말

성공한 사람들은 더 좋은 질문을 하고, 그로 인해 더 좋은 답을 얻습니다.

Successful people ask better questions,
and as a result, they get better answers.

나의 말

나는 더 좋은 질문을 통해 새로운 길을 발견한다.
나의 성장은 내가 던지는 질문에서 시작되며,
질문하는 과정에서 나는 더 나은 해결책을 찾아낸다.
나는 스스로를 향한 더 날카로운 질문을 통해
더 큰 성취에 도달한다.

172

아놀드 베넷 (Arnold Bennett)의 말

어떤 변화든,
심지어 더 나은 방향의 변화일지라도,
항상 단점과 불편함을 동반합니다.

Any change, even a change for the better,
is always accompanied by drawbacks and discomforts.

나의 말

나는 모든 변화에는 불편함이 따른다는 것을 안다.
더 나은 방향으로 나아가는 길은 언제나 어렵지만,
그 변화는 나를 더 나은 곳으로 이끌어 줄 것이다.
나는 변화를 두려워하지 않고,
불편함 속에서도 더 큰 발전을 기대하며,
새로운 배움과 통찰을 얻는다.

173

힐러리 클린턴(Hillary Clinton)의 말

인생은 짧고, 시간은 너무나 소중합니다.
'그랬다면 어땠을까'라고 생각하며
낭비할 여유는 없습니다.

Life is too short, time is too precious,
and the stakes are too high to dwell on
what might have been.

나의 말

나는 과거에 얽매여 시간을 낭비하지 않는다.
지금 이 순간은 나에게 가장 소중한 시간이며,
나는 미래를 위해 과거의 후회를 내려놓고 현재에 집중한다.
나는 과거에 머무는 대신 현재를 더 의미 있게 사용하며,
주어진 기회를 절대 흘려보내지 않는다.

174

어른이 된다는 것은,
자기 내면의 아이를 이해하고
수용하는 것입니다.

To be an adult is to acknowledge and accept your inner child.

나의 말

나는 내 안에 있는 어린아이의 감정을 존중하며 어른이 된다.
나는 내면의 아이가 가진 호기심을 소중하게 여기며,
어른의 지혜와 아이의 순수함을 조화롭게 유지한다.
나는 나의 감정과 본능을 사랑하며,
그것을 인정함으로써 더욱 성숙해진다.

175

코난 오브라이언 (Conan O'Brien)의 말

인생에서 기대했던 모든 것을 얻는 사람은 없습니다.
하지만 열심히 노력하고 친절을 베풀면,
멋진 일들이 일어날 것입니다.

Nobody in life gets exactly what they thought
they were going to get.
But if you work really hard and you're kind,
amazing things will happen.

나의 말

나는 매 순간 최선을 다하는 나의 노력이 헛되지 않음을 안다.
원하는 결과가 나오지 않더라도, 진심 어린 노력과 배려는
예상치 못한 멋진 일들을 가져다줄 것이다.
성실함과 친절함은 삶을 바꾸는 열쇠이며,
나는 모든 순간에 최선을 다해 기적 같은 변화를 맞이한다.

176

찰스 디더릭(Charles Dederich)의 말

오늘은 남은 삶의 첫 번째 날입니다.

Today is the first day of the rest of your life.

나의 말

나는 오늘이 남은 삶의 첫날임을 명심한다.
모든 순간은 새로운 가능성이 펼쳐지는 출발선이므로,
나는 모든 것을 신중히 선택한다.
오늘 나의 결단은 더 나은 미래를 만들 것이므로,
나는 새로운 마음으로 나의 첫 번째 날을 시작한다.

177

아니타 크리잔(Anita Krizzan)의 말

아플 때는, 잘 살펴보세요.
인생이 무언가를 가르쳐 주려는 겁니다.

When it hurts, observe. Life is trying to teach you something.

나의 말

나는 아픔이 단순한 고통이 아니라 중요한 메시지임을 깨닫는다.
고통스러운 순간은 배움의 기회이며,
나는 그 속에서 나의 삶을 돌아보고 배울 점을 찾는다.
나는 어려움 속에서도 그 안에 담긴 의미를 찾아내며,
모든 경험을 통해 나를 더 깊이 이해하고 더 나은 나로 거듭난다.

178

우마르 이븐 알카타브(Umar ibn al-Khattab)의 말

아무리 자책해도 과거를 바꿀 수 없고, 아무리 걱정해도 미래를 바꿀 수 없습니다.

No amount of guilt can change the past
and no amount of worrying can change the future.

나의 말

나는 과거와 미래에 에너지를 낭비하지 않는다.
나는 과거를 자책하거나 미래를 걱정하지 않고
지금 할 수 있는 일에 집중한다.
나는 지금 이 순간을 온전히 마주하며,
내가 통제할 수 있는 것에 에너지를 쏟는다.

179

수지 카셈(Suzy Kassem)의 말

인생은 피아노 같습니다.
흰 건반은 행복한 순간들이고,
검은 건반은 슬픈 순간들이죠.
두 건반이 함께 연주되면서
'삶'이라는 아름다운 음악이 완성됩니다.

Life is like a piano. White keys are happy moments,
and the black ones are sad moments.
Both keys are played together to give us
the sweet music called "life."

나의 말

나는 인생의 밝은 날과 어두운 날을 모두 소중하게 여긴다.
행복한 순간뿐만 아니라 슬픈 순간도 삶을 더 깊이 있게 만들며,
인생은 모든 경험이 모여야만 아름다워진다.
나는 기쁘고 슬픈 모든 경험을 멋진 선율로 받아들이며,
내 삶의 음악을 완성해 간다.

179

수지 카셈(Suzy Kassem)의 말

인생은 피아노 같습니다.
흰 건반은 행복한 순간들이고,
검은 건반은 슬픈 순간들이죠.
두 건반이 함께 연주되면서
'삶'이라는 아름다운 음악이 완성됩니다.

Life is like a piano. White keys are happy moments,
and the black ones are sad moments.
Both keys are played together to give us
the sweet music called "life."

나의 말

나는 인생의 밝은 날과 어두운 날을 모두 소중하게 여긴다.
행복한 순간뿐만 아니라 슬픈 순간도 삶을 더 깊이 있게 만들며,
인생은 모든 경험이 모여야만 아름다워진다.
나는 기쁘고 슬픈 모든 경험을 멋진 선율로 받아들이며,
내 삶의 음악을 완성해 간다.

Chapter 5 · 지혜

180

메리 엥겔브라이트(Mary Engelbreit)의 말

과거를 치유하고, 현재를 살며, 미래를 꿈꾸세요.

Heal the past, live the present, dream the future.

나의 말

**나는 어제의 배움을 통해 오늘에 충실하며,
원하는 내일을 만들어 간다.**
나는 후회나 자책 없이 과거의 경험을 인정하며,
나의 현재를 더 행복하게 만들기 위해 노력한다.
이러한 노력은 더 나은 미래를 설계하는 데 큰 힘이 될 것이며,
나는 설레는 마음으로 내일을 준비한다.

Chapter 5 · 지혜

내가 주어인 문장의 힘
I am what I write
리커버 에디션

초판 1쇄 발행	2025년 11월 10일
지은이	케이크 팀
출판팀장	서수진
출판파트장	김혜리
책임편집	마인선
편집	방수영
마케팅	이서진, 정다운, 정서경
펴낸곳	케이크 주식회사
펴낸이	이충희
출판등록	2022년 5월 24일 제2022-000080호
주소	경기도 성남시 분당구 불정로 6 네이버 그린팩토리 15층
ISBN	979-11-94415-24-4 (03190)

* 본 도서는 『내가 주어인 문장의 힘』(2024)의 리커버 에디션으로,
  필사에 편한 완전 펼침 제본으로 제작되었습니다.
* 책값은 뒤표지에 있습니다.
* 잘못된 책은 구입처에서 교환하실 수 있습니다.
* 본 도서와 관련된 문의는 아래 이메일로 보내 주시기 바랍니다.
  dl_kr.book.cs@cakecorp.com